难忘那些岁月

——卓宝熙勘测生活回忆录

（第二版）

卓宝熙　著

中国铁道出版社有限公司

2019年·北　京

图书在版编目(CIP)数据

难忘那些岁月:卓宝熙勘测生活回忆录/卓宝熙著. —2 版. —北京:中国铁道出版社有限公司,2019.6
ISBN 978-7-113-25734-7

Ⅰ.①难… Ⅱ.①卓… Ⅲ.①卓宝熙-回忆录 Ⅳ.①K826.14

中国版本图书馆 CIP 数据核字(2019)第 081852 号

书　　名:难忘那些岁月——卓宝熙勘测生活回忆录(第二版)
作　　者:卓宝熙

责任编辑:许士杰　郭　静　　**编辑部电话:**(010)51873204　　**电子信箱:**syxu99@163.com
封面设计:崔丽芳
责任校对:王　杰
责任印制:赵星辰

出版发行:中国铁道出版社有限公司(100054,北京市西城区右安门西街 8 号)
网　　址:http://www.tdpress.com
印　　刷:三河市兴达印务有限公司
版　　次:2018 年 5 月第 1 版　2019 年 6 月第 2 版　2019 年 6 月第 1 次印刷
开　　本:720 mm×1 000 mm　1/16　印张:11.75　插页:12　字数:192 千
书　　号:ISBN 978-7-113-25734-7
定　　价:50.00 元

版权所有　侵权必究

凡购买铁道版图书,如有印制质量问题,请与本公司读者服务部联系调换。电话:(010)51873174(发行部)
打击盗版举报电话:市电(010)51873659,路电(021)73659,传真(010)63549480

中国中铁股份公司 2009 年度教授级高级工程师评审会(2009. 12 于昆明),
第一排左三为卓宝熙,左四为王梦恕院士,左五为股份公司刘辉总工程师

在国际欧亚科学院会议上和
全国政协副主席王钦敏合影

国际欧亚科学院院士证书

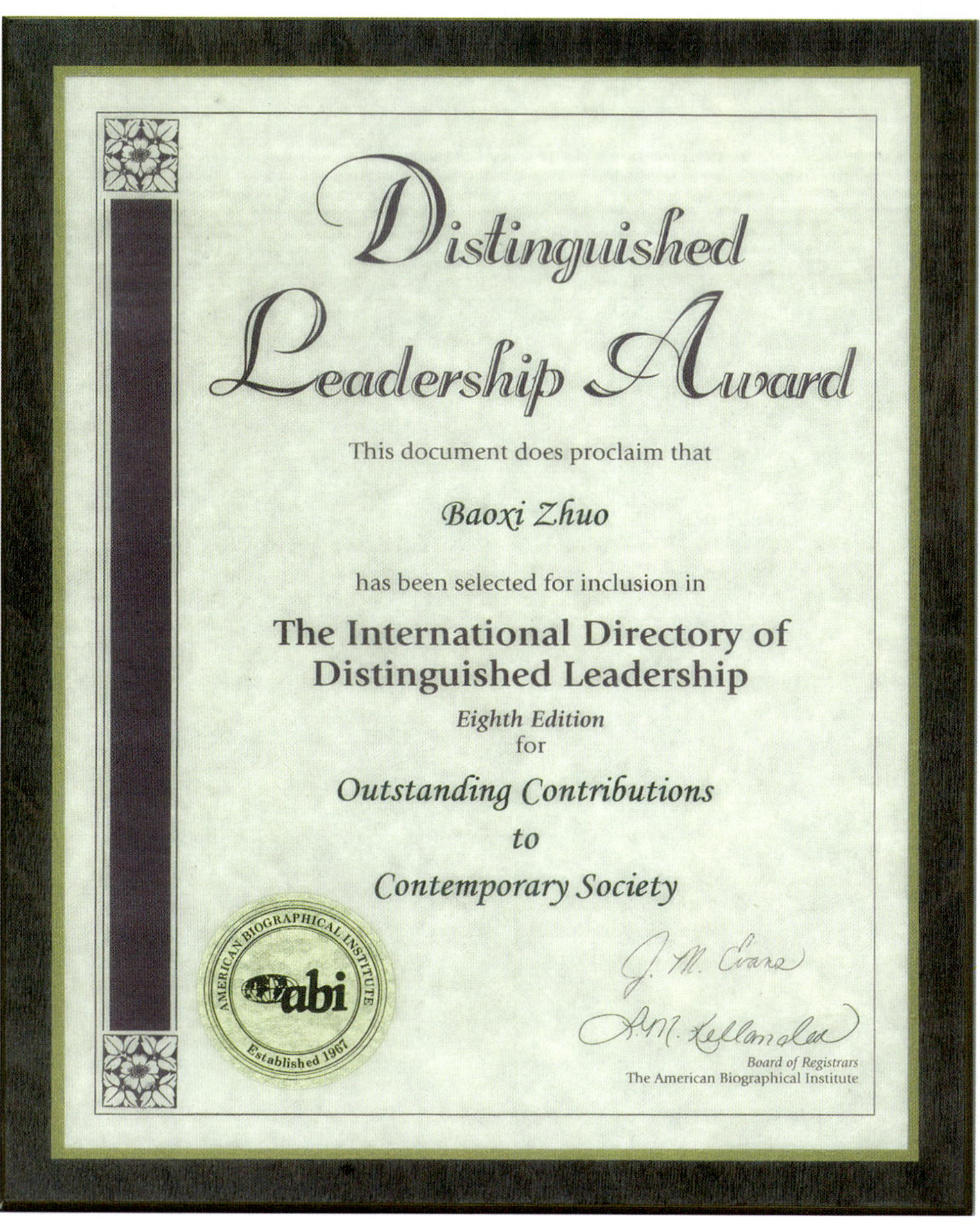

国际杰出领导者人名录证书

世界名人证书(中国卷)

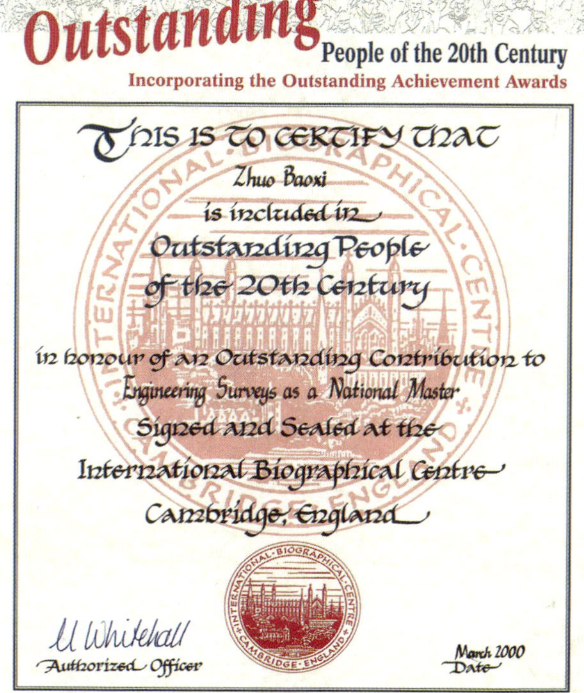

剑桥国际传记中心 20 世纪成就奖证书

勘察大师证书

第四届福建省人民政府顾问聘书

全国铁路优秀知识分子称号证书

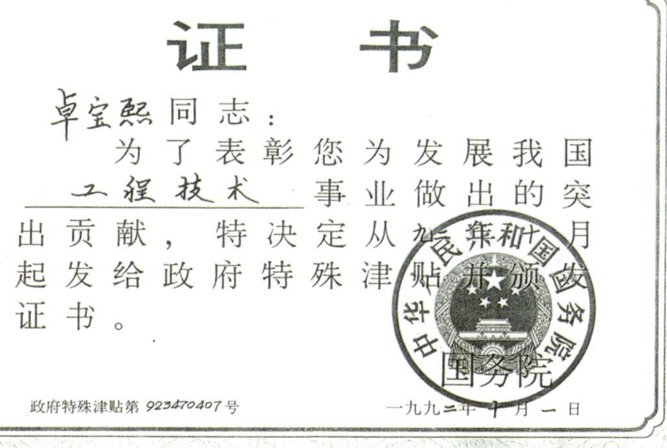

证　书

卓宝熙同志：

为了表彰您为发展我国工程技术事业做出的突出贡献，特决定从[illegible]月起发给政府特殊津贴并颁发证书。

国务院

政府特殊津贴第923470407号

一九九二年十月一日

政府特殊津贴证书

证　书

证顾字第 04 号

卓宝熙同志：

经中国遥感应用协会理事会同意，聘请你兼任我会顾问

特发此证

二 00 三年八月二十六日

中国遥感应用协会理事会顾问证书

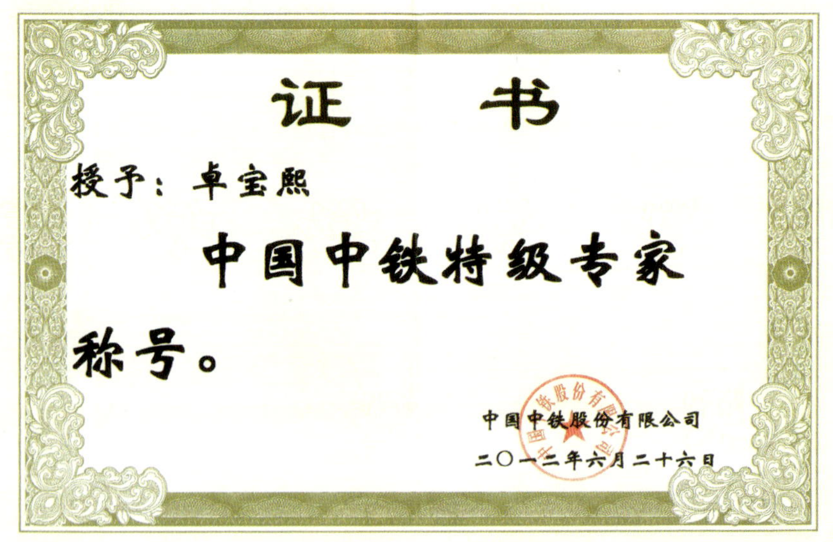

证　书

授予：卓宝熙

中国中铁特级专家

称号。

中国中铁股份有限公司

二〇一二年六月二十六日

中国中铁特级专家证书

中铁工程设计咨询集团高级技术顾问聘书

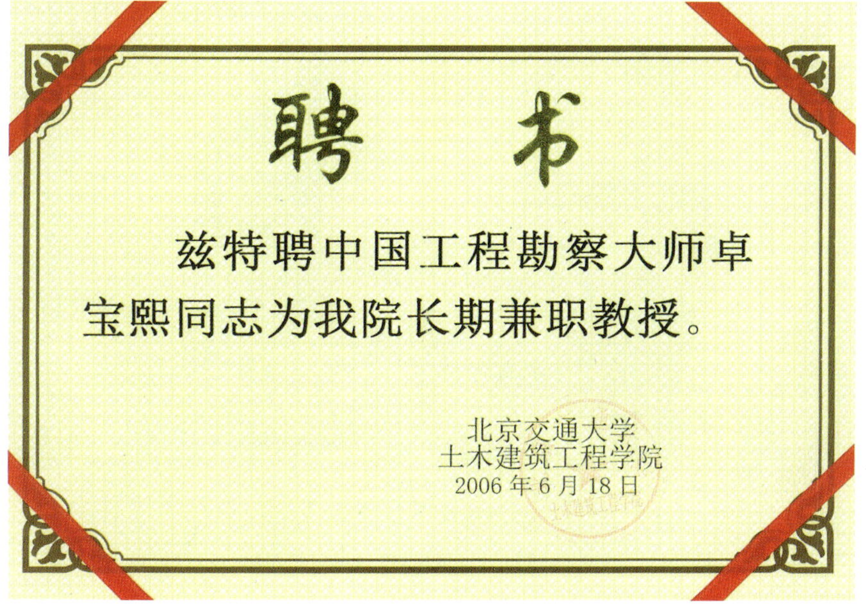

北京交通大学长期兼职教授聘书

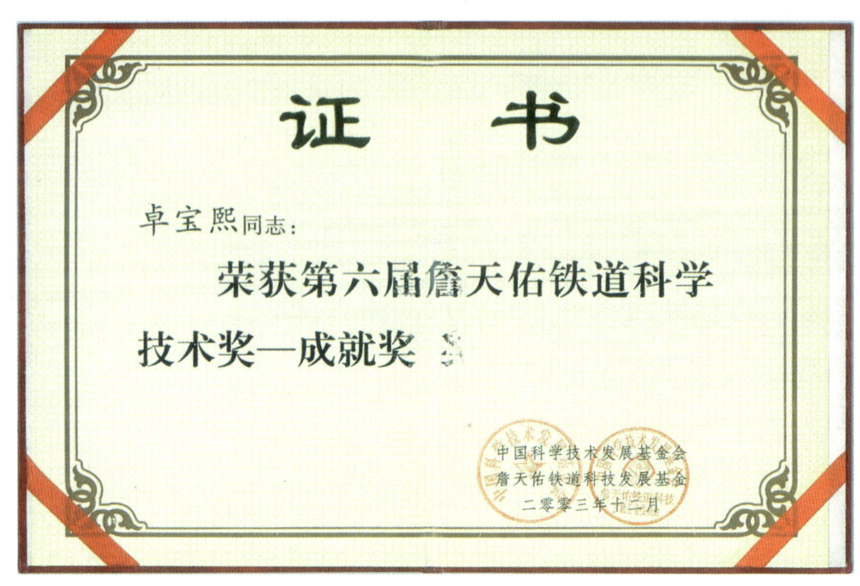

证　书

卓宝熙同志：

荣获第六届詹天佑铁道科学技术奖—成就奖

中国科学技术发展基金会
詹天佑铁道科技发展基金
二零零三年十二月

第六届詹天佑铁道科学技术奖—成就奖证书

听高鲁宾柯专家讲课（1957.10）

在巴西里约热内卢“第十五届摄影测量与遥感”学术会议上发言(1984.7)

访问台湾成功大学,中立者为庄逢甘院士 ,左一为卓宝熙(1998)

给 2012 年新分配到集团公司的大学毕业生作报告(2012)

在遥感地质培训班开学典礼上讲话(2002)

国际欧亚科学院中国新当选院士授证书仪式
前排右一是欧科院中国科学中心蒋正华主席，右二为卓宝熙

在“第十五届摄影测量与遥感”学术会议上和亚洲遥感协会
主席木拉依合影，左是吴维顺总工程师，右为卓宝熙(1984.7)

在广州“第十一届亚洲遥感会议”期间与王之卓院士在中山大学校园内合影(1990.11)

在北京航天城参观时与赵文津院士合影

在腾冲考察火山温泉时和王梦恕院士合影(2009.12)

青葳线勘测取水样留影(1975.7)

金堆城支线现场工作，图中岩层为上震旦纪
含燧石条带石灰岩(1961.6)

河冰丘，已融化，中间形成湖塘，相片中所见的冰壳厚度约 50～60 厘米
（1975.6 于青藏线现场）

唐古拉山口消融残留之冰椎，中间为卓宝熙(1975.6)

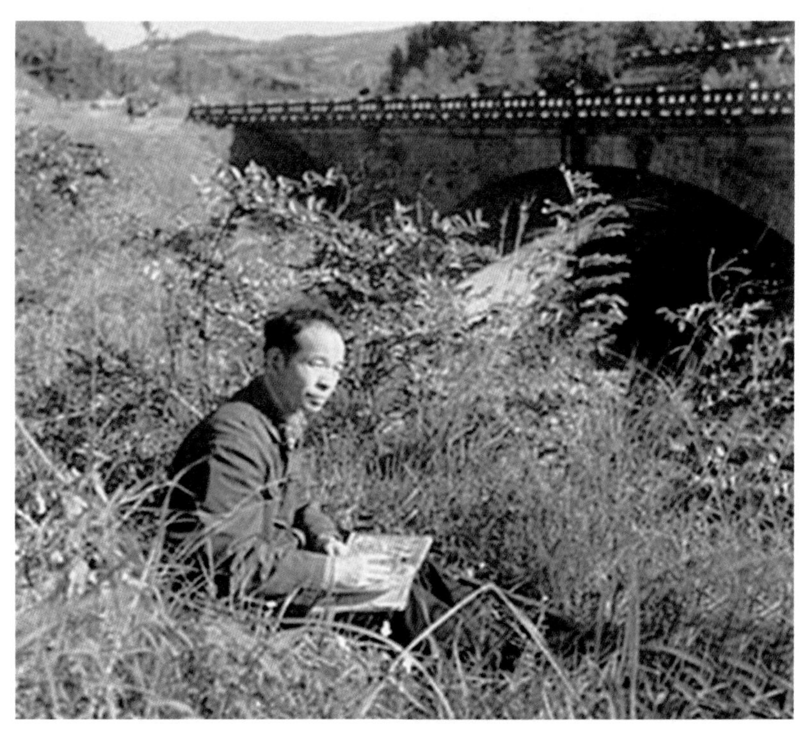

在阳平关至安康铁路线现场调查(1966.12)

在阳平关至安康线现场勘测，和陆炜一起辨认岩石名称（1966.12）

大瑶山隧道横洞洞口留影，中立者为卓宝熙（1985 秋）

从溶洞里爬出来，从左到右为魏树元、卓宝熙、郑魁信(1985 秋)

在秦岭岭顶上合影，右三为卓宝熙(1987)

南昆铁路某隧道现场(1991)

在南昆线南盘江大桥测断层(1991)

南昆铁路勘测中过清水河时情景，桥下为急流(1991.12)

南昆铁路勘测时住的破茅房，四面透风(1992)

在南昆铁路现场勘测(1991)

在西安—安康线秦岭隧道现场勘查,左一为卓宝熙,右一为戈清萍(1996)

在秦岭南五台隧道出口(1996)

带学员到现场讲解青石岭大断裂,左一为卓宝熙(2002)

序　一

卓宝熙教授级高工是中铁工程设计咨询集团有限公司副总工程师，他从事遥感地质工作达半个多世纪，其中外业勘测工作达30余年。他是我国遥感工程地质的主要创始人和开拓者之一，在我国遥感地质界享有较高的声誉。他在把遥感地质技术应用于铁路勘测方面做出了突出贡献，取得了明显的经济效益，在改变我国铁路地质勘测的落后面貌方面，做出了重要贡献；他敢于创新，取得了许多遥感工程地质应用科技创新成果；在学术成就方面，他重视积累资料，善于思考，系统地总结了我国工程地质遥感判释经验，积累了大量极为珍贵的工程地质典型图谱并撰写了许多论文和专著；多项科技成果获国家和省部级奖。

《遥感原理和工程地质判释》和《工程地质遥感判释与应用》两本书分别获1982年度全国优秀科技图书二等奖和"第十一届全国优秀科技图书奖"三等奖。《工程地质遥感图像典型图谱》(科学出版社出版)和《工程地质遥感判释与应用》(中国铁道出版社出版)两本书，均由我国遥感技术奠基人，中国工程院院士、欧亚科学院院士陈述彭先生写序，并给以很高的评价。

由于他的业绩突出，获得多项荣誉称号及学术职务，如，国际欧亚科学院院士、中国工程勘察大师、北京科技之星等称号；担任中国遥感应用协会顾问、中铁总公司特级顾问、福建省人民政府顾问；获詹天佑铁道科学技术奖—成就奖、享受政府特殊津贴……

宝熙同志不但在遥感工程地质方面有很深的造诣，在晚年还对文学产生浓厚的兴趣，曾经撰写了40余万字的《三坊七巷风云》长篇历史小说，还在报刊上发表了散文、科普等文学作品。最近，又将出版《难忘那些岁月——卓宝熙勘测生活回忆录》一书。本书包括"平淡的一生"和"勘测生活回忆"两部分，重点是勘测生活回忆。书中还附有不少珍贵的照片，特别是勘测队工作时的照片，十分难得。

本书内容都是作者亲自经历的，他以朴实无华的笔触写出了当年勘测生活的真实情景，内容感人，又不失情趣，许多内容鲜为人知。作者把枯燥的勘测队生活，描写得生动有趣，引人入胜，彰显了作者对待困难的乐观心态。其中不乏精彩的章节，如"经受住考验"、"战胜干旱和高温"、"泡在水桶里上班"、"老区人民想念毛主席"、"神秘的溶洞"、"迎亲队伍"、"走长征路，过独木桥"、"神奇的河谷"、"'七七'遇险记"、"诡异的天国"、"目睹天葬"等等。

这本书是自传体纪实文学，写的主要是上个世纪五六十年代、七八十年代的勘测生活情景，是一本很难得的好书。写那个年代勘测队工作生活的人并不多，主要是有这样经历的人并不多，而有这样经历还健在的人就更少了，即使是健在，又有精力把这些经历写出来的人，那就少之又少了，使本书尤其珍贵。

本书集趣味性、知识性、真实性、可读性于一体，寓教育于文学之中，是一本难得的精品。不但适于有同样经历和感受的老年知识分子阅读，也适合中年和青少年阅读，它比单纯的正面教育更能起到激励人心的作用，我建议有关方面重视这本书，使它能真正起到社会的教育作用。

卓宝熙老先生是欧亚科学院院士，我为欧亚科学院中国科学中心有这样一位多才多艺的院士而高兴。他在耄耋之年写这本书是不容易的，充分体现了一位从共和国艰苦的创建时期走过来的建设者，对社会的责任感。他克服许多困难，把湮没在历史长河中的勘测生活经历展示出来，尽一份自己的责任，让我十分佩服。受他之托，为本书作序，我欣然答应。地质工作者是一个特殊的群体，他们常年奔波在人迹罕至的高山峻岭之间，往往是在野外风餐露宿，与家人聚少离多。但是他们也有幸饱览祖国雄伟绮丽的美景，欣赏到普通人难得一见的宝藏，本书可以呈现给读者其中的一角，我相信一定可以给读者以难忘的印象。

国际欧亚科学院中国科学中心主席，
原全国人大常委会副委员长、
农工民主党中央主席

序　二

由中铁工程设计咨询集团有限公司(简称“集团公司”)组织,卓宝熙同志撰写的《难忘那些岁月——卓宝熙勘测生活回忆录》一书即将问世。卓宝熙大师要我为他这本自传体纪实文学写序,作为单位领导,我乐意接受卓老的嘱托,欣然命笔写就此序。

卓宝熙同志曾任我集团公司副总工程师、教授级高工。他从集团公司前身“铁道部专业设计院”成立开始,就一直在我单位工作至今,从事遥感地质工作达半个多世纪,在我国遥感地质界享有较高的声誉。

长期以来,他事业心强,把全部精力倾注到遥感地质专业上,取得了骄人的成绩。他的主要业绩如下:把遥感地质技术推广应用到铁路勘测中,在改变我国铁路地质勘测的落后面貌方面,做出了重要贡献;在学术成就方面,他系统地总结了我国工程地质遥感判释经验,积累了大量极为珍贵的工程地质典型图谱,填补了国内空白,撰写了许多论文和专著;提出了遥感地质应用科技创新成果,如:建立了“遥感定量评估隧道富水程度的经验公式”、构建“遥感技术用于工程建设全过程的新思路和应用模式”、提出遥感技术在施工中应用,并在南昆线试点取得成功,等等。

他治学严谨,学风正派,为人谦虚,关心年轻人的培养……

由于他的业绩显著,从而获得不少荣誉,获国际欧亚科学院院士、中国工程勘察大师、北京科技之星、同济大学荣誉校友等称号;受聘担任中国遥感应用协会顾问、中铁总公司特级顾问、福建省人民政府顾问等十余种学术职务;事迹被编入《中国科学技术专家传略》(中国科协主编)、《世界名人录》(中国卷)、《中国专家大辞典》等多部辞书中,并在多种报刊中报道;获詹天佑铁道科学技术成就奖、享受政府特殊津贴,等等。

本书内容包括“淡泊的一生”和“勘测生活回忆”两大部分,纵观全书,以勘测生活内容为主。作者的三十多年勘测工作和生活经历,积累的大量素材,为撰写本书奠定了坚实的基础。

书中内容真实可靠,来自生活,原汁原味,许多事例鲜为人知。作者以朴实无华的笔触,详细记述了鬼斧神工、千奇百怪的自然景观和奇异的地质现象;真实地介绍了民族风情、乡土习俗和各种趣闻;描绘了克服困难和遇险的经过,显示出作者对待困难的乐观心态。

书中文笔简捷流畅,语言生动形象;见解开阔,耐人寻味。是近年来少有的有关勘测生活的纪实性作品。

出版本书的初衷是将其作为对职工进行教育的素材之一,使其成为我单位企业文化建设的重要组成部分。但从实际成书效果来看,其作用应该不限于单位职工教育用书的范畴,而是具有更大的社会现实意义,不仅适合企业职工使用,也适合有类似经历的年长者鉴赏,中年和青少年也能从阅读本书中有所感悟,可以说涵盖了所有的年龄段。我向读者推荐本书。

中铁工程设计咨询集团有限公司党委书记、
董事长、教授级高级工程师

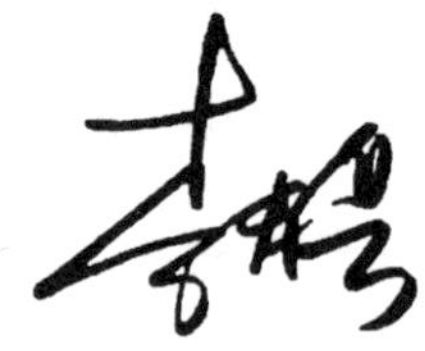

前　言

卓宝熙勘察大师，曾任中铁工程设计咨询集团有限公司（简称集团公司）副总工程师，教授级高工。在我单位从事遥感地质工作达半个多世纪，从事外业勘测工作约35年。

他是欧亚科学院院士、中国工程勘察大师，是我国遥感工程地质的主要创始人和开拓者，在遥感地质界享有较高的声誉。

在半个多世纪中，他热爱专业工作，事业心强，把全部精力倾注到专业上。他的业绩很多，最主要的是把遥感地质技术推广应用到铁路勘测中，在改变我国铁路地质勘测的落后面貌方面，作出了重要贡献；在学术成就方面，他系统地总结了我国工程地质遥感判释经验，积累和整理了大量极为珍贵的我国工程地质典型图谱，填补了国内空白，结合生产撰写了大量论文和专著，提出许多创新成果和思路，在遥感地质技术方面，作出突出贡献；他为人谦虚，治学严谨，学风正派，关心年轻人的培养……

得知卓大师在撰写自传性纪实文章，集团公司看了初稿后，认为该书内容很适合对职工进行教育用，具有现实意义，遂决定由集团公司出资出版该书，并将该书纳入集团公司的业务建设中，成为企业文化的组成部分，作为对职工进行教育的素材之一。

卓老十分感激单位对他的信任和支持，在耄耋之年，进行反复修改，写就了十几万字自传性纪实文学著作。该书定名为《难忘那些岁月——卓宝熙勘测生活回忆录》。书中配有珍贵的照片。在写书和出版过程中，集团公司派专人协助卓老，顺利地完成了撰稿和出版任务。

该书内容包括“淡泊的一生”和“勘测生活回忆”两大部分，以勘测生活回忆为主。它不是枯燥的自传，而是富有文学色彩的自传性纪实文学。

所写内容主要是上个世纪五六十年代和七八十年代勘测工作和生活的经历。虽然叙述的内容是作者个人的经历，但某种意义上说也是反映这一时期知识分子，或者说是科技人员的共同经历。尽管所从事的专业不同，每人的境遇也不同，但在整个国家命运和大环境熏染下，时代的脉搏和人生的轨迹基本是相同的。

作者从事外业勘测工作达三十多年，跑遍祖国的大好江山，到过青藏高原的可可西里无人区、茫茫无边的林海雪原、干旱少雨的戈壁荒漠、千沟万壑的黄土高原、千奇百怪的岩溶地貌、气候湿热的东南丘陵等地区……这些经历为本书的写作提供了大量素材。

也正因为经历种种艰辛，才得以成全卓大师的人生价值。

本书内容朴实无华，作者笔底生花，道出了当年勘测生活的真实情景；内容原汁原味，鲜为人知，对勘测生活的描述，真实鲜活，富有情趣，扣人心弦……在当今以创作为主的文学潮流下，能给读者捧上原生态的纪实文学，会像一股清流，流淌在象牙宝塔内冥思苦想创作为主的文学洪流中，有着别样的感觉。

出版本书的原意是作为集团公司教育职工的内容之一，实际上还有社会现实意义。对于有同样经历和感受的老知识分子，我们相信，他们读完这本书后，一定会产生共鸣，会感同身受，会有很多感慨和许多联想，也许起到我们意想不到的作用。

其实，这本书不仅仅适合于有同样经历的老知识分子，也适合中年和青少年阅读，可以说涵盖了所有的年龄段。

为此，建议教育部门、宣传部门等，重视这本书，把这本书作为对青少年进行思想教育的内容，使它能真正起到社会的教育作用。

在此，特向为本书作序的国际欧亚科学院中国科学中心主席、原全国人大常委会副委员长、农工民主党中央主席蒋正华先生和中铁工程设计咨询集团有限公司党委书记、董事长、教授级高级工程师李寿兵先生表示衷心的感谢；向为本书编辑出版付出辛勤劳动的中国铁道出版社的编辑同志及有关人员致以崇高的敬礼；最后，还要向为本书出版作出贡献的福州第三中学以及其他同志表示感谢！

中铁工程设计咨询集团有限公司

目　录

国家的需要就是我的志愿，
祖国的命运决定我的一生。

——作者

我这一辈子

我的一生很平凡，老老实实，淡泊名利，平时与人无争，一心钻研自己的业务，在同志看来我就是一个老实本分的知识分子。

记得小的时候，住在天井大院里，许多邻居小孩在一起，人家小孩都很有心眼，很为自己家里打算，比如霉天晒东西，有的小孩就会在太阳照射处摆上桌椅，让大人放上要晒的物品；枯水季节，抢着在水井里提水；有的家里大人和邻居吵架，小孩也帮着吵……我就缺心眼，压根儿就没想到这些。

参加工作后无论在勘测队，还是在机关，都能吃苦，踏踏实实搞好本职工作，热爱自己专业，刻苦钻研业务，不太关心周围发生的事。连评先进、提级、增加工资、分配房子之类的事，我从来都不关心，也都没争过，更没有打报告、找领导说事或送礼的事。

当了基层领导后，几乎年年提我为先进，本人都是谢绝了。

你到过这些地方吗？

你到过青藏高原的可可西里无人区吗？你到过茫茫无边的林海雪原、干旱少雨的戈壁荒漠、千沟万壑的黄土高原、千奇百怪的岩溶地貌、气候湿热的东南丘陵等地区吗？

如果没有去，请不要遗憾，《勘测生活回忆录》将为您讲述引人入胜，扣人心弦，原汁原味，鲜为人知的事例。

本书以朴实无华、自然而流畅的笔触，描绘了鬼斧神工、千奇百怪的自然景观和奇异的地质现象；真实地介绍了一些民族风情，乡土习俗和各种趣闻；揭示了天国的神秘面纱；描写了可可西里无人区的经历；记述了克服困难和遇险的经过……这一切的一切，在书中娓娓道来，彰显了作者对待困难的乐观心态。

《难忘那些岁月》是近年来少有的有关勘测生活的纪实性散文，在遣词造句上不事奢华，文笔简捷流畅，语言生动形象；见解开阔，耐人寻味。

该书集趣味性、知识性、真实性、可读性于一体，是一本健康、引人向上的书。

引　言

踏上征途

“呜——”一声长笛，划破天空。火车头松闸，喷气，巨大的车轮哐当哐当的起动了，轮子越转越快，哐当的声，也越来越响……这一天是1954年8月26日，上海到北京的直达列车开动了。如今，这种火车开动的情景已成为过往，不再会有了。在这高铁时代，科技发展日新月异，人们乘坐高铁时，再也看不到喷气，也听到车轮哐当哐当的响声，不知不觉间就飞奔出了老远。

回到1954年8月26日那一天，列车的几节车厢都是大学毕业生的专车，他们是上海市部分应届大学毕业生。他们兴奋不已，喜笑颜开，好像从来没有这么开心过，因为他们即将奔赴工作岗位，开始一种全新的生活，要到祖国最需要的地方去，投入到祖国轰轰烈烈的建设事业中，怎能不高兴呢！

车厢里挤满了人，又闷热又嘈杂，车顶两侧的几台华生牌电风扇，左右摆动着使劲地转，但几乎起不到降温的作用。年轻人对此并不在乎，照样交头接耳，有说有笑，尤其是女同学，叽叽喳喳地说个没完。她们猛扇着扇子，不时喝凉开水。上海的姑娘都带着玻璃瓶装的白开水，认为这是时髦。她们的交谈很热闹，或用手蒙着嘴笑，或打对方一下，或眼盯着对方努着嘴，或抿口水……手里扇着精致的苏州檀香木小折扇，举手投足间，彰显出上海女性特有的气质。

我坐在车厢的一个角落里。那里显得不那么嘈杂，至少不受人们来回走动的干扰。很奇怪，邻座都是男同学，互相并没交谈，似乎都在思考什么问题。

两年的大学学习已经结业，即将投入祖国第一个五年计划的建设热潮中，我心情和同学们一样高兴，满怀豪情壮志。

第一个五年计划是个宏伟的计划，它是以苏联帮助中国建设的156个项目为中心，以694个大中型项目为重点，以发展重工业为主，建立起我国社会主义工业化的初步基础……我们能在第一个五年计划的第二年就参加到建设浪潮中，当然感到高兴。

列车在奔跑，我的思绪回到了往事。想起了大学时的学习生活情况，仍历历在目。

我是考入浙江大学的，当我们到学校报到时，得知，土木系的建筑、桥梁等热门专业，早被江浙一带的同学选完了，他们“近水楼台先得月”，其他外省同学都来得晚，只有测量、铁路等专业可供选择。在我的印象里，从小就听大人说海关、银行、铁路都是比较好的职业，我选择了铁路专业。

旧中国的技术人才少的可怜，第一个五年计划急需人才，国家便决定把部分同学抽出来开办两年制班——专修科，以满足建设的急需。我报了铁路专修科班。

由于全国性的院系调整，我在浙江大学学习了一年后，铁路专修科合并到上海同济大学铁路系，于是我又在同济大学学了一年。

在浙江大学时，学习环境比较好。浙大校址在杭州市庆春街。校园并不大，大概就是二、三百亩地，虽然校园不大，但小巧玲珑，有山有水（钟山、启真湖），风景优美，林木花草茂密。每幢房子都有名字，如阳明馆，忠斋、仁斋、爱斋、德斋、仁斋、恕斋，等等，我们住在恕斋。值得一提的是“子三广场”，它是为了纪念前学生会主席，烈士于子三而命名的，他是浙大的骄傲。

宿舍约十几平米，住8个人，睡的是木制双层床。杭州夏天闷热，我们把双层床搬到户外睡，边聊天，边乘凉，很快就进入梦乡。

由于我们是专修科，第一年级主要是学基础课，课程排的很紧，学习非常紧张。老师多是浙江人，浙江的口音，和我们福州话一样难懂。开始我不适应，学习压力很大，特别是第一学期，学习成绩也受到影响。

我们最喜欢测量和地质实习，因为都在杭州西湖孤山。每次实习完，同学们都不失良机，尽情地游玩西湖美景——花港观鱼、柳浪闻莺、断桥残雪、三潭印月等等。

1954年初，我们从杭州乘火车到上海，到同济大学后，已近黄昏。安顿住宿和吃完饭后，已是夜晚。我和一位老乡同学一起，迫不及待地想看看夜上海情景。上海，是我早就向往的地方，从小就听大人说上海是个十里洋场的花花世界，高楼大厦林立，晚上是个不夜城，各种奇闻怪事无奇不有……

同济大学在上海东北郊的四平路。从学校到最近的市区也得有五、六公里地。我们两个愣小子，不谙世事，凭着年轻力壮，初生牛犊不怕虎，硬是徒步往市区方向走，我们的目标是目睹一下不夜城最具代表性的，也是最吸引人的南京路和外滩。我们沿着四平路往南方向走，走了约一个小时，四周仍是黑压压的一片，路的两侧都是闪着灯光的零散的房屋，毫无市区的感觉。我们不死心，继续往前走，突然见到了前面灯光多了起来，意味着离市区不远了，心里不免高兴起来。走近街道问路人，说是四川北路。我们问，到南京路还有多远，答复是：往南走约1公里，到苏州河，过外白渡桥，再走1公里左右就可到南京路和外滩。也就是说还要走半个小时左右。此时，时针指向晚上9点半。我们合计了一下，到南京路和外滩，还要逛逛，回到学校得到12点以后，第二天还要开会，不能睡懒觉，况且我们也感到疲乏了，只得悻悻地往回走。

同济大学校区面积和浙江大学相差不大，浙大是老校区，有许多老建筑，环境优美，而同济大学是新校区，老建筑只有“一二九”大楼，大礼堂是临时建筑，我们住的宿舍是新盖的两层楼楼房，共5栋楼房，分别叫“学1楼”、“学2楼”……我们住的是学3楼。

由于是新建校址，校区显得单调，绿化较差，只有沿路两侧新种的小树。虽然学校环境和学习条件差些，但并不影响我们的学习热情。因为教我们专业课的老师都是有名气的教授，所以我们学的很认真。当时，教我们铁道选线的是李秉成教授；教隧道工程的是童大埙教授；教土壤力学的是郑大同教授，他们都是铁道工程专家，工程地质专家，都是资深教授。

在同济大学学习期间，上午工间操还提供点心（豆浆、油条）……

两年的时光如白驹过隙，大学生活一去不复还了。大学生活是美好的，是难以忘怀的，除上面回忆外，印象最深刻的，首先是：老师们为我们传授了宝贵的知识，让我们受用终身，特别是教书育人的敬业精神，令我们十分感动。所谓“师道罔极”也。

其次是：同学们学习都很认真、刻苦。由于大学免收学杂费和伙食费，无后顾之忧，心无旁骛，可以全身心投入到学习中。

再者是：同学们思想单纯，坦诚相见，心情舒畅，相处融洽，充满着青春活力，有难处互相帮忙……

我们班同学将近100人，当学校公布分配方案（在分配时，有什么困难和要求，可以事先提出来，领导会酌情考虑。）后，大家都很激动，并奔走相告、互相祝福，绝大部分同学分配在铁路系统，也有个别同学分配到铁路系统以外的部门。我被分配到大连的铁道部东北设计分局。

在乘火车出发的前一天晚上，我们组的8位同学在学校附近的五角场一间小饭店里聚餐，大家喝了不少啤酒，边喝酒，边畅谈。当时的我们风华正茂，书生意气，挥斥方遒，心里充满着对未来的憧憬……

当我继续沉浸在美好的回忆中时，列车广播喇叭传出“济南站到了，请下车的乘客准备下车”的提醒。这时我才恍然大悟，已经到了济南，此时喉咙感觉有些干涩。

过了济南站以后，窗外所见，是一片黄土和光秃的山岭，映入眼帘的不再是绿色的大地，我心里不免产生一种凄清的感觉。

我们到达北京后转乘火车到沈阳，然后又转乘火车到大连。大连是我们这次旅途的最终目的地。

记得当时，我们十几个同学到大连铁道部东北设计分局报到后，人事科要我们再次填志愿，有在机关的，有在勘测队的。我毅然选择了勘测队。很快，我被分配到设计分局所属的第二勘测总队（简称“二总队”）。二总队队部在济南，我们随即到了济南，住在总队所在地“北宁旅店。”到总队后，又被分配到第一分队，分队队部也是在一个旅馆内，于是我们又到分队所在地的旅馆报到。

在阳平关至安康线现场勘测，和陆炜一起辨认岩石名称。（1981年7月）

我们在第一分队报到后，人事部门组织了培训班，开始了短期的培训，一些老工程师为我们授课。我们在济南过了国庆节。队领导告诉我们，过了国庆节很快就要接受任务——参加小兴安岭地区的一条森林线的定测工作。

金堆城支线现场工作，图中岩层为上震旦纪含燧石条带石灰岩（1961.6）

10月初，我们离开济南，奔赴东北小兴安岭，开始森林线勘测工作。从此，拉开了我从事铁路勘测事业的序幕。

第一章

淡泊的一生

一、家庭简况

我的家乡是在福州市西郊的湖头街乡后营村，是紧靠市区的农村。我们是住在叫做何氏里的五进天井院里，据传说这个大院原来是明朝一个盐商的私家住房，后来家世中落，房子被子孙变卖了。而后来居住的居民有的说是祖传的，有的则是新买的……

这是个大杂院，居民成分复杂，各种职业都有，有很富的，也有很穷的。周围的农户，多为菜农，有自己简易的木房或土木结构的房屋。

我们住房是在第五进的旁进，是祖传下来的。大门面对一片大约十几亩地的菜地，其中就有我们家的几分地，也是祖传的。

父亲有一个弟弟，两个妹妹。叔叔很早就到新加坡谋生，我们兄弟姐妹都没见过他。叔叔在新加坡，所以房子就归我们一家人居住了。

父亲在闽南南靖县、长泰县、金门县等地任过典狱长，因失职而被免职。不久，大概是上海解放前两三年，经远房叔公介绍到上海江南造船厂任职员。叔公是留美的，在江南造船厂任总工程师。

我们和父亲长期不在一起，四个男孩，两个女孩，都由母亲操劳。其实，还有一个最小的弟弟，在出生后不久，得了破伤风病而夭折。

母亲的娘家是在不远处的井边亭村，是农民家庭，出嫁前是搞农活的。母亲嫁给父亲后，女方陪嫁的财物，除一般陪嫁品、金银首饰外，还有五六亩耕地。

母亲嫁到卓家后，开始时，还在我们家门前的菜地种过菜，后来，由于子女多了，她就专门照顾子女的生活，也就成为家庭主妇，就不种菜地了。再后来，由于子女上学，要交学费，开支也大，就把菜地卖了。

母亲陪嫁的五六亩耕地，是在母亲娘家井边亭，由舅舅家代耕，我们家收些租金，加上父亲还有工作，生活属于中等水平。解放后土改时，成分定为小土地出租。

母亲目不识丁，具有小农意识，不会说大道理，也不会对我们进行知书达理的教育；她心地善良，希望我们平平安安的活着，好好念书，将来出人头地，当官发财；经常教育我们多做好事，不要干坏事；要言而有信，承诺的事情就必须努力去做；还教育我们，为人要老实，做事要认真……这些就是我家最朴实的家教。

在当时，像我母亲这样的同龄的农村妇女，大多数是缠脚的，但母亲却是大脚的，而且还很大。不但脚大，耳朵也又长又大，所以活到 90 岁。我们兄弟姐妹，儿女，孙辈，也都是大耳朵。

我们家的生活虽然属于中等水平，但母亲非常节省，因为六个子女都要上学，要花不少钱，我穿的衣服都是哥哥的旧衣服，平时吃饭总感到没吃饱，菜都是素菜，青菜，一个星期能吃一次红烧肉就很满足了。煮的米饭经常是不够吃……我记得，每到交学费时，母亲总是愁眉苦脸，把他的嫁妆金银首饰当了或卖了，换取的钱作为学费。

我至今都不明白，父亲为何要找一个农村妇女，没有文化的妇女，而且感情好得很。父亲虽然没上过新式学校，只读过私塾学堂，但还算是个小知识分子。他为何会找一个农村妇女，还是目不识丁的，我们也从来没问过他们。我想可能是母亲长的俊、脾气好、善良，或者是包办的，还是别有原因，就不得而知了。

二、求学经过

我上的小学是湖头街小学，正当我上初小时，日本军队占领了福州，家乡沦陷，我随大姑父逃难到闽南南靖县，以后又到长泰县，因为父亲在这一带工作。漂泊异乡，动荡不定，根本就没有好好念书。待到抗战胜利，1945 年秋，我又随一位姓关的乡亲从厦门乘小海轮回到福州，由于船小，颠簸厉害，我晕船呕吐，翻肠倒肚，走了一天一夜，第二天上午，糊里糊涂地到达了福州。

回到福州正赶上升初中，由于我小学没有好好念书，基础很差，考不上公立中学，上了私立福建学院附属附中学初中部。

在初中，学习很吃力，毫无兴趣，只是应付而已。记得当时上学，早上要到学校参加升旗仪式，不按时到，就被挡在学校大门口，参加不了升旗仪式。我是经常被挡在门口的。

当时，我的父亲还在闽南金门县工作。我和二哥，寄住在一个叫七婶婆的亲戚家中，我们住在破木房的一个小房间里，晚上念书做作业是点洋油灯（有钱人家有电灯）。七婶婆一家人不管我们学习的事，他们家都是种菜的菜农，目不识丁，也无法管我们学习。我二哥有时也管我学习，督促过，但他自己学习压力很大，很用功，因为他想考国立大学，不可能具体辅导我。父母又不在身边，我成了野孩子，我经常和一个比我小两岁，但辈分比我大的远房叔叔一起玩。我没叫他叔叔，只叫他名字。我们玩得很痛快，到池塘里游泳和摸池螺、放风筝、抓蟋蟀、逮萤火虫、掏鸟窝、钓青蛙、爬到水果树上偷吃水果……虽然好玩，书也念不好，但初中还是毕业了。

1949 年 8 月 17 日，天空晴朗，福州解放了。一大早，在西门外我们家附近的西洪路两侧，人山人海，夹道欢迎亲人解放军。当时，我 15 岁，光着脚丫子，拼命挤到人群中。沿途百姓热烈欢呼，“欢迎亲人解放军！”“共产党万岁！”解放军风尘仆仆，但个个仍精神抖擞，雄赳赳，气昂昂。他们边行军，边唱《中国人民解放军进行曲》：“向前！向前！向前！我们的

队伍向太阳，脚踏着祖国的大地……”我激动地边跳边喊：“解放军叔叔好！共产党万岁！”热泪夺眶而出……

没多久，我就考入福州市第一中学（现福三中）高中，当时不知有多高兴。旧社会的腐败，谈不上什么前途，新社会让我充满希望，我下定决心要刻苦学习，学好本领，报效祖国。在高中的三年学习中，我除努力学习外，还积极参加学校组织的各种社会活动，担任了报刊发行员，参加了共青团等。

学校面积不大，分南区和北区，南区很小，是一个破旧的木结构平房，大约有 10 间教室，平房旁边有棵大榕树，至今仍叶茂根深的。

北面校区稍大些，也只有半个足球场那么大，有几排砖墙小平房，是教室和办公用房，有一个简陋的篮球场，有个单双杆和跳远沙坑，还有一个水泥砖砌的乒乓球台，以及几棵大树。

我们在南区和北区教室都上过课。南区四面透风的破平房，屋顶犄角布满蜘蛛网，门窗破烂不堪，稍有风吹雨打，门窗就啪嗒直响。特别是冬天，刮风下雨时，教室寒气逼人，冻得发抖。即使如此，老师还是一丝不苟地讲课，同学聚精会神地听课……

虽然学校条件较差，设施简陋，但老师却是一流的，如池伯鼎老师、郑寿彭老师和刘永聪老师等等。池伯鼎老师是我们的数学老师，当时池老师才 25 岁左右，西装笔挺，头发光亮，显得非常精干。课堂上，洪亮的嗓音，生动的比喻，形象透彻的阐述……让我们全神贯注，一点也不感到枯燥；郑寿彭老师是我们的物理老师，他讲课，深入浅出，容易理解。他总是鼓励我们多提问题。有一次上课时，国民党的飞机在福州上空骚扰，他就离开书本，专门介绍飞机的原理和有关知识。他经常介绍书本外的知识，增加了同学的学习兴趣。

我们班又叫“新苗级”，意味着我们在新社会，像禾苗一样茁壮成长。当时我们班级充满生机，非常活跃，同学们积极参加各种社会活动，记得有一次，我们班代表学校参加市里组织的一个活动，在大会上，表演了冼星海的《黄河大合唱》，据说还得到了表扬。有的同学还参军，参加土改，为党培养输送了干部。

"新苗级"人才济济，同学中，有弹一手好钢琴的，有音质纯正的男高音、有嗓音甜美的女高音、有跳舞高手、篮球投篮神手……最令我称奇的是我的邻座姓黄的一位同学，他不但学习名列前茅，还有令人羡慕的绘画天赋。我们都坐在前排。有一次在破庙的课堂上历史课，朱维庄老师讲课，他在课堂上把朱老师的形象，速绘下来，让我看，朱老师略有突出的下巴、抿着嘴唇，两边嘴角往下弯，严肃的眼神，在画中表达的惟妙惟肖。

班上的学术气氛也很浓厚。我们几位爱好科技的同学经常看科技杂志，或到省立图书馆查资料，然后制作科技专刊黑板报，挂在教室里。

三年的学习，老师的谆谆教导，同学们活泼、热情，蓬勃向上的精神面貌和师生之间的亲密无间的感情，让我难以忘怀。

我们毕业时举行一次联欢会，会上大家促膝谈心，表演了不少节目，详情已记不清。印象最深的是池伯鼎老师变戏法这个节目。他事先有所准备，叫一位同学，脸朝墙，两个手掌各按住一个白瓷碗在墙上，接着，池老师开口说："等半个小时，打开碗，每个碗里都会变出一个个熟鸡蛋。"但只几分钟，那位同学已经受不了了。池老师又说："不到半小时，鸡蛋变不出来。"同学直叫："我受不了了，受不了了。"池老师说："你坚持不了，那就不怪我变不了了。"

1952 年，从福州市第一中学毕业。考大学前，到仓前山英华中学集训，并参加高考。集训时，有的学生在吃饭时还做祷告。那时考大学的高中学生很少，除个别体检身体不合格外，大部分都能考上大学。我们班不到 50 人，几乎都上了大学。

当时，福建的高中毕业生升大学，最看好的是"四大金刚"——北京大学、清华大学、上海交大、浙江大学，其次是厦门大学。我们班的 50 多名同学，约 20％进入"四大金刚"，当时学习好的同学，多数考工科，我考入了浙江大学。

那时候上大学的人不多，政府很重视，被大学录取的学生，都在《福建日报》上登出，可惜我没把报纸留下来。

1952 年 10 月，我们满怀喜悦心情，从福州龙潭角码头乘轮船到南平，然后改乘大卡车到上饶。一路上尘土飞扬，汽车颠簸的很，到上饶火车站下车后，我们一个个都成了泥人，不少人开始呕吐，当场就有好几个女同学哭着闹着说，我再不想离开福州，我要回去……

从上饶乘火车，第二天到达杭州浙江大学。我们到浙大报道后，我填报了铁路专业。当时国家建设急需人才，开办了专修科，学制两年，我入了铁路专修科班。第二年，全国性的大学院系调整，浙大铁路专业合并到同济大学，在同济大学又学了一年。1954 年 7 月，毕业于同济大学。

关于大学的学习生活情况以及从学校到达工作单位的过程，在前面“踏上征途”一文中，已经叙述，就不赘述了。

三、半个世纪遥感地质情

(一)工作简历

离别学校,我们到东北设计分局人事科报到后,被分配到分局所属的第二勘测总队。1954 年 10 月,到小兴安岭参加了一条森林线的定测工作,12 月上旬回到分局机关,进行设计工作。

次年 5 月,我从第二勘测总队抽调到第一勘测总队,随第一总队成建制调到西北设计分局支援兰新铁路建设,第一总队调到西北设计分局后改编为第五勘测总队。

西北设计分局的机关在兰州。我们直接到第五勘测总队所在地酒泉。我被分配到地质二队,分队长告诉我,现在缺乏地质人员,人事部门决定,你转业搞地质工作。我一个刚出学校不久的大学生,什么也不懂,工作经验也好,社会经验也好,都是空白,虽然心里有些想法,只能服从领导分配,把我的铁路专业改为地质专业。

我们住在酒泉,担任兰新线清水到玉门段的定测工作。不久,第五勘测总队取消,我又调到哈乌总队综合十二分队。队部在哈密十三间房,在戈壁滩辗转工作整整一年多,主要是担任哈密到乌鲁木齐段的航测控测调查工作,也就是在这次勘测调查中,我开始利用航空像片进行地质调查。当时大家都是第一次接触航空像片,也没人教,地质人员只是用航空像片来勾绘沼泽地。

这一年多,帐篷就是我们的家。

1956 年 7 月我离开综合第十二分队,调到北京铁道部航空勘察事务所。

调到北京铁道部航空勘察事务所工作还有一段插曲——

1956 年 2 月,国家批准了铁道部报请国家"派苏联专家携带设备援华的申请"。当年 4 月,经国家批准,中苏签订合同,由苏联派遣一个航测总队(93 人),携带 2 架飞机和有关设备帮助我国开展铁路勘测工作。为了配合苏联的航测总队工作，铁道部从各单位抽调人员筹建“航空勘察事务所”（简称“航察所”），我就是在这种背景下调入京城的。

当时，我还在新疆哈密十三间房勘测队住地，7 月的一天，许队长告诉我说，分局领导要调我到北京铁道部航察所跟苏联专家学习航空地质，听到这消息，我感到很突然。我对队长说：“我不想去，这么多地质人员，干吧非调我去不可，我对勘测队有感情，我舍不得离开一起工作的同志，希望领导能理解我的心情。”操着河北口音的许队长对我语重心长地说：“上级要求调一个大学毕业的、刚工作一两年的地质专业技术人员到北京跟苏联专家学习航空地质，你是最合适的，这是领导对你的信任。人家千方百计想离开勘测队，求之不得，你遇上这么难得机会还不想去，你应该高兴才是，真是令人难以理解。再说，你还是要求入党的积极分子，连服从调动都做不到……”

许队长是位令我钦佩的领导——他真诚、和蔼，没有领导架子，平等待人，有亲和力，在队里威信很高。在他的开导下，我经过反复考虑，勉强同意了。和我一起调到北京航察所的还有一位老工程师，他是从事测量专业的，只要看他那黝黑的脸和满脸皱纹，就知到他是久经磨练的老勘测队员。

走的那天，全队人员欢送，既高兴，又难舍，我们互相挥手告别，心情很不好受。汽车把我们送到公路上就回到队部，车不可能把我们送到远离 1 000 多公里的张掖（张掖到兰州有火车），因为他们出工还要用车。一般规矩，凡是离队的人员，队里都只负责送到离队部最近的公路上，然后，八仙过海，各显神通，自己想办法拦截沿途的卡车，乘坐到目的地。

在大西北戈壁滩上的公路交通似乎约定俗成，凡有人在公路上挥手搭乘汽车的，都要让搭乘，除非有特殊原因。我们搭乘了一辆军队的卡车（公路行走的主要是军车、勘测队的汽车以及石油部门厂矿的汽车），转乘了好几次，走了 5 天到达张掖，再转乘火车到兰州。在兰州院人事处办了调动手续后，乘火车到北京。

到了北京，马不停蹄，找到西郊羊坊店铁道部航察所人事科报到，人事科告诉我，你分配在航空目测组，跟苏联航空地质专家高鲁宾柯学习航

空地质(后来称“遥感地质”)技术。

从 1956 年 7 月到 1957 年下半年的约一年的时间里,跟着苏联专家高鲁宾柯学习航空地质知识,从讲授地航空地质基本知识、立体观察航空地质典型图谱、收集整理航空地质典型图谱,到在生产中应用航空地质图像进行判释的具体步骤和方法等,都学习了一遍。

这些内容初步掌握后,开始结合生产进行应用,这期间跟着专家到过西宁—茫崖线、西安—武威线、西安—汉口线、成都—昆明线等线的现场进行调查,行踪不定,都是在交通不便,地形崎岖的山沟里转,这一年吃尽了苦头。

1957 年下半年回到单位,正是轰轰烈烈反右斗争期间,整天写大字报,批斗右派分子,生产受到严重干扰……

1957 底,中苏关系恶化,苏联专家全部撤走之后,我们自己开始独立工作。

这时,航空勘察事务所已经和其他几个专业所合并成立“铁道部专业设计院”(简称“专业院”)。我一直在专业院(现称“中铁工程设计咨询集团有限公司”)从事工程地质遥感工作直到现在,长达半个多世纪。

(二)外业的磨练

在外业工作期间，主持、参加过兰新线、成昆线、南昆线、青藏线格拉段、焦枝线、西康线、阳安线、西汉线、川汉线、沙通线、集通线、张白线、韶柳线、向厦线、神港线、川渝东通道、东北森林线，大瑶山隧道、秦岭隧道、芜湖长江大桥等30多条铁路线和重点工程的遥感地质勘测工作。有的项目在应用中取得较好的效果(见附录一)。

大家都知道，勘测队工作是离不开现场的，这种现场并不是在市区或城市郊区，而是在荒山野岭地区；是人迹罕见，交通不便、草木丛生，野兽出没地区；是山高水深，气候恶劣的地区。我们吃的苦，是一言难尽的，勘测队员们经常风餐露宿，忍饥挨饿，爬山涉水，汗流浃背……

勘测工作中，我们经受住摄氏零下40多度寒冷的考验；经历过摄氏40多度高温的煎熬；遇到过高原缺氧的折磨；遭受过风沙肆无忌惮的袭击……

我们曾经在大雪纷飞的沼泽地上走了一夜，回到住地已不省人事；在高原夜晚的汽车上熬过一整夜，冻的全身发抖，无法入睡；在陡峻的山坡上爬行数十分钟，而下面是浪花翻滚的急流；经常摸黑走夜路，回到住地，已是深夜；在四面透风的废弃茅屋里度过严冬；住过鸡窝、牛圈、浓烟弥漫的阁楼；出工吃的是凉馒头和咸菜疙瘩；在青藏高原，经常吃半生不熟的米饭(面条)；在戈壁滩地区勘测，半年没洗过澡……

外业工作条件虽然艰苦，但只要心态好，做好克服困难的思想准备，也不是什么可怕的事。相反的，在困难条件取得的成果更加可贵，从现场中学到许多知识，也锻炼了自己克服困难的意志。

现场让我收集到大量珍贵资料——

在长期的外业工作中，我收集积累了大量工程地质遥感图像典型图谱，也积累了不少工程地质遥感图像判释标志和工作经验，为我后来撰写论文和专著提供了珍贵的素材；尤其是在青藏高原地区收集的冻土地质遥感图像典型图谱，是在条件极端困难的情况下，历经千辛万苦收集到的，填补了国内外这方面的空白，极为珍贵。

现场是我最理想的课堂，从中学到书本中学不到的知识——

我是从铁道专业改行搞工程地质工作的，如何尽快掌握该门技术，在室内，或坐在办公室内看书，是很难掌握该项技术的。而在现场，置身于大自然中，直接和岩土接触，很容易掌握工程地质的基本知识。道理很简单，工程地质是地质学的一个分支，它研究的内容包括：区域工程地质的研究、岩土体的分布规律及其工程地质性质的研究、不良地质现象及其防治的研究等等。而这些内容的研究离不开地表的岩土，所以说大自然就是一个学习工程地质的最理想的课堂。勘测工作中，有机会遇到不同地区的各种地质现象，如干旱地区、黄土地区、岩溶地区、青藏高原多年冻土地区、平原地区，还有岩浆岩地区、沉积岩地区、变质岩地区以及各种不良地质现象等等。这些鬼斧神工的大自然现象正是我最好的课堂。

我经常面对大自然，边看边琢磨，经常为了搞清一些地质现象，从沟底爬到山顶，又从山顶跑到山脚，有时来回跑几次，从不同角度反复观察……有时爬到高处，累了，坐下来歇歇，喝喝水。眺望周围美妙的自然景观，四处静悄悄的，有如童话世界。独享自然的馈赠，也算是一种乐趣吧！

每次到现场工作时都忘不了带地质专业书，所带的专业书是根据工作地区的地质特点而带相应的书，如在岩溶地区工作就带岩溶方面的书、黄土地区工作就带黄土方面的书……

有时，对一些地质现象不理解，立即在现场查阅相关的地质书籍，很快的使问题得到解决。这样有针对性的学习，学以致用，理论联系实际，学习兴趣大，记的牢，效果也好。

在现场，我们经受过种种困难，克服了许多困难，甚至面临死亡的考验，从而锻炼出我们占胜困难的意志——

在外业期间，我还坚持记日记。虽然白天爬山涉水，已经够累得了，晚上回来还要记日记，既无桌子，也没电灯，没有认真执着的精神是做不到的，我既然决定记日记，再困难，也要坚持下来。

没有桌子和电灯就趴在木箱上或行军床上，靠蜡烛的微弱火光写，有时盘腿坐在行军床上写。经常是晚上 12 点才入睡，第二天还要出工。就这样，天天不落记了半年，每天平均记几百字，最少也有 100 多字，日记的内容经常是检查自己思想和工作中存在的问题，以及学习心得，等等，直到我离开勘测队才停止。

这本笔记本我至今仍留着，它成为我难分、难舍的无价之宝。我写勘测生活回忆时，有些内容就是从日记里得到启发，或直接引用日记记载的内容。

(三)踏破青山　一生无悔

本人从事外业勘测工作30多年,外业的艰苦是说不完,道不尽的。

一年一度的休假,回家时,都变得又黑又瘦,家人半信半疑地凝目注视我们,又高兴,又心痛。小孩躲着我们,拉着母亲的衣角哭起来。

一般人只知道勘测生活很艰苦、单调,整天在山沟里转,穿的像叫花子。其实这些对勘测队员而言,都是置之度外的。最使我们苦恼的是长年累月生活在勘测队,对象都难找。许多同志,一辈子没结婚。有的虽然结婚了,但长期分居的寂寞,女方另有所欢。夫妻感情不好,最终造成离婚的为数不少。有的虽然勉强维持住家庭,但女方负担过重,心结难以解开,子女教育顾不过来等等,矛盾重重,问题不少。

我还算幸运,30岁结的婚,是回老家谈成的。婚后经常到外业工作或出差,家务事由我爱人一人独挡。她是医生,工作忙的很,她总是怪我什么都不管,孩子怎么生的,怎么养大的,都不知道,但又有什么办法呢,勘测队员的家都是这样,为了国家建设,牺牲了正常的生活。

我们在西北勘测时,就流传着一首打油诗:“有女不嫁勘测郎,一年到头守空房,有朝一日回家转,糊里糊涂上洋床。”这首打油诗据说都传到人大会议上,中央领导都知道了。听说后来为了解决西北勘测队员的终身大事,周总理决定,将上海等地的纺织厂搬迁到西北。详情不了解,但西北的上海纺织女工不少,却是事实。

当时不像今天,想调走就能调走,要嘛辞职回家,另谋出路。但哪有这么大胆的人,我也没听说过有这样的人。用人单位听说你辞职回家,连个人档案都没有,哪还敢录用你呢！再说,我们技术人员,都是从大学或中专毕业后由国家统一分配到勘测队工作的,可以说我们的一生都是由国家来安排,不会有其他想法的。

当时的人都很老实,自己有些困难,不会轻易向领导提出解决的。

勘测队工作虽然艰苦,但同志们思想始终是乐观的,人与人之间的感情非常真挚,为什么呢？那是因为没有私心。我至今仍然怀念当年勘测队生活,怀念着同志之间的淳朴感情,怀念着我们对祖国和人民的无比忠

诚和深情厚意的情景……

在勘测队是没有什么文娱活动的，不会唱流行歌曲（当时也没有流行歌曲之说），更不会跳舞，但我们却经常唱“勘探队之歌”，每个人都会哼唱。至今，每当我想起上个世纪五十年代勘测队生活时，就情不自禁地哼唱起来，心情也随着高兴起来。这首歌的歌词如下：

“是那山谷的风吹动了我们的红旗，是那狂暴的雨洗刷了我们的帐篷；是那天上的星为我们点燃了明灯，是那林中的鸟向我们报告了黎明；是那条条的河汇成了波涛大海，把我们无穷的智慧献给组国和人民。我们有火焰般的热情，战胜了一切疲劳和寒冷，背起了我们的行装，攀上了层层的山峰，我们满怀着无限的希望，为祖国寻找出丰富的矿藏。”

这首歌歌词是上个世纪五十年代勘测队员生活、工作的真实写照，充分表达了勘测队员对祖国和人民的无限忠诚。

我们当时真是从心底里热爱祖国和人民，对祖国无限忠诚，毫无私心，思想单纯，感情淳朴……正像“勘探队之歌”歌词所写的：“把我们无限的智慧献给祖国和人民，我们有火焰般的热情，战胜了一切疲劳和寒冷，背起了我们的行装，攀上了层层的山峰，我们满怀无限的希望，为祖国寻找出丰富的矿藏。”

也许，我们这一代人身上烙上了毛泽东时代的深深印记，狂热追求理想抱负，心中只有祖国和人民，认为能为社会做贡献是很光荣的事，很少计较个人得失……这些理念是复制不了的，但为祖国和人民贡献自己的智慧是永恒的。

想想当年的艰苦生活，再看看今日的条件，真是心满意足了。今天幸福生活来之不易，我们要倍加爱惜才是，要责无旁贷对祖国和人民做出自己力所能及的贡献。

我深深体会到，一个人的生活是否充实，是否愉快，绝不是单靠物质条件的好坏所决定的，也不完全是由环境优劣所决定的。当时在勘测队，虽然生活和工作条件很差，但内心却是快乐的，都把能对祖国和人民贡献自己的青春而感到骄傲；大家都顾大局，为了国家的建设，牺牲小我。为什么呢！是因为有了信仰，我们心里想的就是把自己的青春献给祖国和人民，有了这种信念，人就会活得充实，活得有意义，就不会斤斤计较个人得失，就会活得愉快！

我在想，今天我们的生活条件和环境，比上个世纪五六十年代的勘测生活不知好了多少。生活好了，但人们总还觉得不满意，反而意见一大堆，总不那么称心如意；人们之间的关系越来越淡薄，相互之间缺乏感情，很少有知心之交；社会浮躁，缺乏诚信，道德下滑，为什么呢？是因为一切向钱看，没有信仰，缺乏精神支柱。

相信，随着社会的进步，上述不协调现象会逐步得到克服，一个理想的社会将会形成，而且会更加完善，到那时，人们真正感到自己是国家的主人翁。

在这里寄语年轻人：青年人是最美好的时期，也是出成绩和充满希望的时期，可以在各个领域施展自己的才华，为社会和人民贡献你们无限的智慧。工作不分高低，只是分工不同，你可以在轰鸣的工厂车间操作机床，在广袤的大地上从事稼穑工作；也可在边防线上荷枪实弹守卫国土，在实验室里分析研究未知世界；还可在更多的行业从事自己喜爱的工作……所有的工作都是光荣的、都是国家需要的，能把本职工作做好，就很了不起。

在南方丛林中勘测（1991 年）

我选择了艰苦的勘测工作。如果说地质遥感工作是我毕生的事业，那么，勘测工作则是我事业中的主旋律。踏破青山，一生无悔。

勘测生活虽然枯燥，但也有不少鲜为人知的见闻和乐趣，欲知精彩内容，请看第二章勘测生活回忆。

第二章

勘测生活回忆

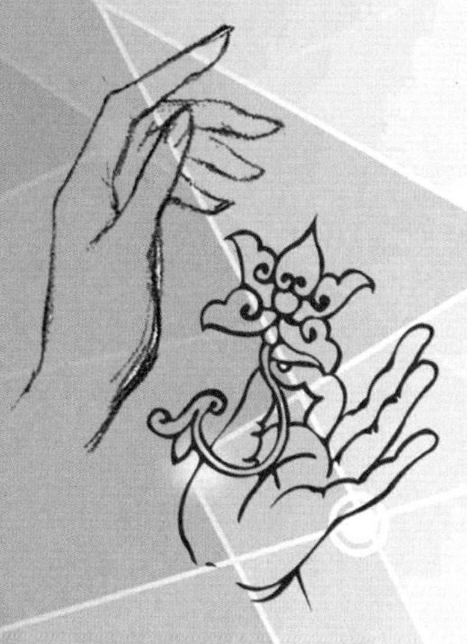

一、踏遍长城内外大江南北

我的30多年勘测生涯中，足迹遍及长城内外大江南北，换句话说，足迹遍及全国。这部分内容，包括了除青藏高原之外的所有地区的勘测生活回忆的文章，共10篇文章，占了勘测生活回忆文章的大部分。

(一)第一次外业勘测的考验

1954年10月初，我们勘测队乘火车离开济南，多次转车后，最后到达黑龙江省伊春县。然后转乘勘测队自己的汽车，又步行了一段路，到达汤旺河村。汤旺河村，位于汤旺河边。我们在汤旺河村住了约两个月，是为了勘测一条森林铁路线——汤林线。这是我从学校到工作岗位后，第一次参加的铁路线勘测，也是我离开学校到工作岗位后第一次参加的外业勘测工作，心情十分激动，也给我留下了深刻的印象。

从伊春到汤旺河村

小兴安岭是个美丽的地方，在小学课本里有详细的描述：春天山上的积雪融化了，雪水汇成小溪，河里涨满了春水；夏天，草地上盛开着五颜六色的野花，红的、白的、黄的、紫的，真像个美丽的大花坛；秋天，白桦和柞树的叶子变黄了，松树显得更加翠绿了。秋风吹来，落叶在林间飞舞……

伊春县地处黑龙江省东北部小兴安岭腹地，素有“中国林都”、“红松故乡”、“恐龙家园”之美誉。我的印象是木材深加工业特别发达。在伊春县住宿一夜，第二天，汽车开到到火车站，取出行李、厨具、钻探机具、测量仪器等，然后装上汽车。

第三天，天刚亮，汽车沿着汤旺河往北上溯而行，向位于河边的汤旺村进发，这里是我们队部的驻地。

出发时，正值初冬，凛冽寒风猛烈地吹着，寒风刺脸，大雪纷飞，在空中恣意飞舞。放眼四野，目睹无垠的林海，红松、落叶松、鱼鳞松、云杉、白桦、水曲柳、椴树……都披上耀眼的银装。大片的黑土地，满山遍野，一片雪白，一派北国风光……这一切的一切，对我而言，都感到新鲜。从此爱上了黑土地。

我们是第一批走，三辆苏制的嘎斯卡车同时出发。公路是土路，路面积雪，汽车行驶缓慢。

汽车徐徐向前走着，路面越来越窄，路况愈来愈差。进入林区后，成为林间小道，汽车走的更加缓慢，左右摆动着，吃力地往前走。

到了一个叫"78"公里的地方——这里距汤旺河村驻地约20余公里。司机师傅说："没有路了，汽车走不了了，大家下车走吧！"

队长一声令下，大家纷纷下车，把车上的行李物品卸下。卸完行李物品，已近中午，个个饥肠辘辘。于是开始吃中午饭——自己带的又凉又硬的馒头和咸菜疙瘩。饭后稍事休息，接着继续向汤旺河村驻地进发。

老同志，不管是技术人员还是工人，都忙着抬扛钻探机具、测量仪器或厨具用品等。我们新来的大学生，书卷气十足，文质彬彬，呆若木鸡，不知该抬扛什么物件。正在犹豫时，队长对我们说："你们几个大学生是国家的宝贵财富，你们是白脸书生，手无缚鸡之力，不能和他们比，就不要抬扛其他物件了，你们把自己的行李背到住地就可以了。我们都异口同声地说，"谢谢领导的照顾。"队长说："不照顾你们行吗！"

虽然是照顾我们了，但对我们仍然是一个严重的考验。因为鼓鼓的行李卷，东西可不少啊！还是很沉的。行里内有狗皮褥子、皮大衣、8斤重的棉被、书、什物等等，重量少说也得有30多公斤。这么重的行李卷背在身上，加上身上还穿着大皮袄和狗皮裤，头戴大狐狸皮帽，脚穿大头鞋，这些重量叠加在一起，实在够我们受的。

我们四个大学生——除我之外，还有两个唐山铁道学院和一个中南土木建筑学院的大学生，沿着汤旺河东岸的平缓丘陵谷地往前走，四周是广袤的原始森林，有红松、落叶松、云杉、桦树等，还有其它叫不出名称的树种。

同学们精神抖擞地踏着地上的积雪和枯黄树叶往前走，仿佛自己置身于一个天然大公园中。

我们走在最后面，起初，大家有说有笑，步履轻快，心情高兴。汤旺河的流水声伴随着我们脚步声，有种雄赳赳气昂昂的感觉。大约走了十分

钟后，开始走一段上坡路，大家感到有些气喘，放慢了脚步。

金色的阳光穿过稀疏的枝叶，透射到地面上，给地面带来了一丝丝光明，但却无丝毫热气。

西北风一阵阵地裹挟着雪粒和枯叶扑面而来。

我们的说笑越来越少了，过了缓坡进入了平坡地段，身上稍感轻松些。

不久，又迎上一个缓坡。路两侧常可见到倒在路边的大树，光秃秃的树干。这些树躺在地下很有年头了，有些树身开始腐烂，上面生长一些菌类植物，还有积雪。

缓坡走过一大半后，我们身上感到湿乎乎的，气喘的厉害。心想，才走两三公里，就累的这样，还有约 20 公里地，怎么能走到啊！

不经意抬头一看，发现大树干上贴着色纸写的标语："吃得苦中方为人上人""为祖国铁路勘测事业献青春""发扬一不怕苦二不怕死的革命精神"……

这些标语还是起到鼓舞斗志的作用。我们鼓气勇气继续往前走，累了，就近找棵倒在路旁的大枯树干，行李往上一靠，就可以休息了。渴了，顺便用手抓一把树干上的积雪往嘴里塞。冷冰冰的雪，从喉咙往胃里滑溜，既清凉又解渴。就这样边走边休息，又坚持走 3 个多小时，体力消耗不少，体能明显下降。

接下来，是一段很长的上坡道，为了积蓄体能，我们靠在枯树干上休息片刻，边聊天，边吃雪。随后，开始上坡，当走一大半时，一位姓程的同学突然脸色发白，大吐血，当场晕倒。

这突如其来的情景，把我们都吓坏了，惶惶然不知所措。我们让他躺着休息，喝些水，慢慢地醒过来了。他告诉我们，上大学时患过肺痨病。他这一说，我们倒也觉得他外表看起来的确显得有些弱，是个小白脸。过度的疲劳，承受不了，也并不意外。

正在我们感到为难时，先期到达汤旺河村驻地的老同志，有的已经往回走，打算再抬扛一次。看到我们这情景，有一位老同志提出由他陪着小程走。

我们三位继续往前走，休息的次数也越加频繁。嘴渴得难受，顺手把树干上的积雪往嘴里塞。

夜色悄悄地笼罩着原始森林，暮色朦胧，小路已辨不清了，我们打开手电筒继续往前挪走。由于体力消耗殆尽，每移动一步，都感到力不从心。

这时，发现前方有微弱的灯光在闪烁，预示着离驻地不远了。虽然筋疲力尽，脑子晕晕沉沉的，但我们还是拼出最后的力气坚持着。许多老同来接我们，我们知道他们更辛苦，不能再劳累他们了，再苦，再累，也要坚持下去。我们终于安全到达了目的地。

到达目的地后，卸下身上行李，连水都不想喝，就躺在帆布上呼呼大睡了。

第二天清晨醒来，才发现舒舒服服地躺在自己的行军床上，铺盖也都是自己的。原来我们到达目的地后，躺下就睡觉了。老同志帮着把我们行李卷打开，支好行军床，铺好铺盖，然后把我们抬到行军床上睡，我们竟然毫无感觉。

吃完早饭后，一位老勘测队员告诉我："你行李卷里一个很精致的碗压碎了，碎碗在你行军床下。"这时我才恍然大悟，这碗是我们大学班上同组的姓冯的同学送的。他是江西景德镇人，毕业前回家特意为我们全组同学定制的碗，每个碗都写了 8 位同学的姓名。这么珍贵的碗，我当然要保护好它。我自以为是，认为把碗裹在行李卷中间部位，会万无一失的。现在想起来，太可笑了，软趴趴的行李在车上一压怎么不把瓷碗压碎呢！真是书生气十足，悔之晚矣！

战胜严寒和困难

汤旺河村，离原苏联国境不过几十公里。我们的帐篷是搭在汤旺河一级阶地上。野外选驻地是很有学问的，勘测队员选驻地都很有经验，既要选在平坦地方，还要用水方便，更要考虑安全。不能选在山坡下或泥石流沟口，这些地区不安全；选在河漫滩上，用水很方便，但容易遭水害，也不安全；选在二、三级阶地上，比较安全，但距河流太远，用水不方便；选在

河流两旁的一级阶地上最为理想，地形平坦，用水方便，又安全。厨房是搭在靠河边的地方，用水比较方便。

总之，选驻地是很有学问的，不同地区，不同的季节，不同地形、不同地貌等，各种因素，都要考虑。总的原则是安全和用水方便。

我们住的是棉帐篷，在茫茫的林海雪原中，如何解决取暖呢？这是我们最急需解决的一个问题。勘测队员很有办法，就地取材——原始森林，漫山遍野都有用之不绝，取之不尽的树根、树枝，随便刨一刨，检一检，就是一大堆。

有了柴火，又如何解决火炉的呢？我们是用一头开口的汽油桶，桶边开个小洞做成火炉(事先加工好的)。火炉放在帐篷中间，睡觉时大家头靠帐篷边，脚朝火炉。火烧旺旺的，十分暖和。

在森林里，食品供应是个问题。起初，由于不通汽车，食品是靠人背进去的，主食是高粱米，吃的菜是海带、咸菜……

到了 11 月底，温度最冷达到摄氏零下 45 度左右，汤旺河的流水，已经冻结，汽车可以沿着河道开到我们的驻地。我们的伙食有了极大的改善，可以吃到白面和大米了，也有了鱼、猪肉、鸡肉和各种蔬菜，以及罐头供应……

供应是改善了，但严寒却给我们工作带来了许多困难，由于温度低，看经纬仪时，呼出的气把镜头的镜片弄模糊了，要经常擦镜头；在这样温度下，手一旦接触空气，马上就会冻僵甚至溃烂，只能戴着大皮手套操作仪器旋钮和记录，操作难度大；经常有阵风夹雪吹到脸上，眼睛都争不开；挖试坑非常困难，在一般地区的土质土挖试坑是很容易的事，但在摄氏零下四十多度地区，土壤冻成冻土，坚硬无比，洋镐刨下去，土却很难刨开。在这种情况下，我们只能用炸药把土炸开。

由于严寒，身上穿的多，一切活动和操作都显得笨拙、困难；鼻孔和眉毛经常冻成冰，口罩外面都冻了冰，棉袄上的罩帽边沿，也都冻上冰块……

遇到下大雪，棉帐篷的门帘被大雪压盖住，冻的打不开，要把压在门帘上的雪清除掉，才能出去。

第一天出外业，走了一段沼泽地。沼泽地是由积水和塔头草疙瘩(塔头墩子)构成的。

别看塔头是长在沼泽地上，很不值钱，但却是东北的三宝之一，所谓“人参、貂皮、乌拉草”。塔头草是乌拉草的一个种类。

乌拉草不值钱，为什么成为东北三宝之一呢？其原因：据说是因为过去有“旧三宝”之说，以往的贫穷百姓冬季时把乌拉草填在鞋子里以保证脚不被冻坏，所以乌拉草是穷人的宝，而富人穿棉靴，所以也就不认为乌拉草属于东北三宝。后来又出现了新三宝，即“人参、貂皮、鹿茸角”，把旧三宝“人参、貂皮、乌拉草”中的乌拉草改为鹿茸角，所谓“新三宝”。这是穷人和富人的不同看法。在穷人看来，在那个年代，这种神奇的小草，看似平常不起眼，但是却给那个年代的穷苦百姓带来多么大的“温暖”，庇护了成千上万双穷苦人的双脚，从这个角度讲，乌拉草的价值无论如何要在鹿茸角之上。

在沼泽地上走路，要小心翼翼地踩着塔头墩子走，神经高度紧张，一不小心就踩到水里。几十米长的沼泽地，我竟然走的满身大汗。就是这样还是免不了踩到水里。

头几天收工回来，浑身酸痛，累得不想吃饭，因为吃的是高粱米，不是米饭，就更没食欲了。一口高粮米饭要嚼好久才能咽下去，菜几乎天天是海带。没有食欲也得硬塞进去，否则第二天哪有力气出工啊！

每天回到队部，吃完饭后，还要开小组会。开完会，洗脸、洗脚，准备第二天出工的资料、用品等等，已到睡觉时间。第二天起床更紧张，穿衣服、洗刷、吃饭、带中午饭，直到出工，不许有任何闪失之处，一环扣一环，完全是军事化的生活。

勘测中，遇到的另一个威胁是野兽。林海雪原中，有各种各样动物，据说有东北虎、黑熊、梅花鹿、野猪、獐、狍、野鸡、紫貂、雪兔等等，但其中最常见的就是野猪、獐、雪兔、野鸡等。为了保护勘测队员的安全，勘测队里配置了两名保卫员，他们荷枪实弹，每天跟我们一起出收工，不管是否遇到野兽或险情，至少在精神上得到安慰。

原始森林是没有路的，也看不到村庄，很容易走错路。有时是勘测队

员自己起个名字，比如迷路沟、遇险崖、开心岭等等。

有一次两个地质技术员走错了路，到了收工时还没回来，队领导知道是走错了路，叫保卫员朝天开了一枪，不久，他们果然按枪声方向走回到了队部。

乐极生悲

我是实习生，被分配在水文组，主要是学习水文测量工作。

到工地后，我们水文组主要任务是测桥涵小流域汇水面积。组内人员都有分工，各司其职，有看仪器（经纬仪）的、有记录的、有跑塔尺（一种测量用的竖形尺子，上面刻有刻度）、有砍树枝的。他们知道我什么也不会，分配我的是最最简单的工作——跑塔尺。就是拿着塔尺沿着小流域分水岭脊，把塔尺立在地形变化点上，将有刻度的一面对着仪器，待仪器观察者看完刻度数值，仪器旁的记录员把数据记到本子上后，仪器观察者吹哨、摇红白旗，暗示可以跑下一个点，我就在下一个地形变化点立塔尺……按说，此项工作不算太累，没有太大压力，但对我而言，第一次在山沟里上下跑，还是感到累，不过，心情还是好的。

每天晚上回到住地吃完饭后，都要开小组碰头会，总结一下当天的工作，我累的什么话也不想说。没想到组内年纪最大的、最有权威的张师傅还表扬我说："小卓能坚持跑下来，很不容易，表现的还不错。"

按当时的要求，大学生到勘测队都要接受工人阶级的再教育，要虚心向工人师傅学习。张师傅的表扬，让我暗自高兴，因为得到老工人师傅的肯定，我当然高兴。但我真担心明天还能不能坚持下去！

勘测工作后期，组长让我但任桥址地形测量的记录员，由体力劳动变为脑力劳动。戴着大皮手套用铅笔记录，还是有一定难度的。不过，我的记录，组长还是满意的。在当晚的小组会上，组长表扬了我一番，心里乐滋滋的。

在一个多月的工作中，我连续受到老工人师傅和技术组长的表扬，还有平时耳边听到的表扬，赞扬声不绝，我感到飘飘然的……

正在高兴时，麻烦事不期而至。有一次，我自己都不知道，怎么把铅笔弄丢了。晚上小组开碰头会时做了深刻检讨，真是乐极生悲了。这铅笔可不是一般铅笔，是美国维纳斯牌铅笔，是名牌货，价格比较贵。队里没有多余的维纳斯牌铅笔了，好在工作快结束了，把别人的铅笔，切断一半给我用。

别了，汤旺河

这次到小兴安岭的森林线勘测工作，，是我从大学毕业后第一次参加工作，也是第一次勘测工作，还是第一次到东北严寒地区工作，在工作、生活方面，遇到了不少困难，都一一克服了。

经过两个月的努力，于 12 月上旬，顺利地完成了任务，准备凯旋而归。

临开车前，我们环视四周，肃然静立，凝眸远望无边的森林；灿烂的阳光穿过稀疏的枝叶投到地上，遍地的积雪又把阳光反射到枝叶，衬托出林海雪原的立体感。

我们是乘苏制嘎斯卡车，沿着冻结的汤旺河道，向下游开行。

汤旺河穿行在低山丘陵区，山势浑圆平缓，沿河白桦、栎树成片，尤其是白桦林，挺拔俊美，壮观无比。严冬季节，河水冻结，两岸银装素裹；其他季节，河水波光粼粼，两岸景色优美。

汤旺河像一只银蛇逶迤穿行在林海雪原中。

汽车疾驶在汤旺河上，两旁的树林不断往后移，寒风刺脸，但我们的心是热的……

别了，汤旺河——我们曾经日夜相依相伴的地方。

我们依依不舍地离开了林海雪原，离开了汤旺河。我们再也听不到汤旺河的汩汩流水声；再也饮不到它的清純冰凉的河水：再也看不到它的静穆端庄的面容……

当天晚上我们到达伊春。次日，乘火车经哈尔滨、沈阳，回到大连。

设计分局机关的同志敲锣打鼓，热烈迎接我们。同志们都惊奇地说：你们一个个变得又白又胖，像个大白猪……

(二)从东北转战到西北

为了支援兰新线铁路建设,我们奉命从铁道部东北设计分局调到铁道部西北设计分局,是一个总队成建制调去的,主要任务是参加兰(州)—新(疆)线哈(密)—乌(鲁木齐)段的草测和初测工作。

1955 年 5 月初,我们离开大连,乘火车向兰州出发,到兰州火车站并没让我们下车,稍停片刻后,又开动了。约走了一公里左右,带队的人指着右边四五百米处一幢三四层灰色墙体、蓝色大屋顶的楼房说:“这一栋大楼就是我们的设计分局机关。”待我们转过头看时,火车已经呼啸而过,毫无印象,反正知道分局离火车站不远。

开始时,火车是爬坡,速度很慢,爬完坡后,一直下坡到武威。沿途所经,满眼是黄土的梁、峁地形,土地贫瘠,人烟稀少,显得荒凉。两边路堑边坡上经常见到许多看火车的小孩,小男孩一律光着身。他们心中藏有火车时刻表,知道什么时候有火车经过,早早地等在那里。

火车到达武威已经傍晚,从车窗向外远望,灿烂夺目的晚霞,令我心情愉悦,荡涤了旅途的疲倦,也使我对武威产生了好感。

武威古称凉州,为河西走廊东端的咽喉,是“人烟扑地桑柘稠”的富饶之区,素有“金张掖,银武威”之称。因汉武帝彰霍去病“武功军威”而得名。唐代大诗人岑参的“弯弯月出挂城头,城头月出照凉州,凉州七里十万家,胡人半解弹琵琶……”就是其戍边驻留武威时所作。王翰、王之涣等唐朝诗人,都留下《凉州词》的绝世佳作……

我们在武威的马家花园住了一天,第二天,就到了酒泉,住在酒泉郊区的罗家兵营,这里房子非常宽敞。

我们总队调到西北后改称西北设计分局第五勘测总队,队部就在罗家兵营。

参加兰新线清玉段的定测工作

总队人事部门通知我分配到第五勘测总队地质二队,并说地质人员不够,让我转行搞地质工作,我服从了组织的安排。随后,我们地质二队担任了兰新线清(水)—玉(门)段的定测工作。

通过清玉段的定测工作实践,对定测地质工作的基本内容和工作方法有了初步的了解。

清玉段的一个多月定测工作,可以说是我在兰新线勘测工作中条件最好、最舒服的时候。我们住在罗家兵营,睡的是铺板,用水又方便,伙食也很好;工作季节正值春末夏初,气温适度,风也不大。每天出收工乘车都要经过嘉峪关,这里是外业津贴分区的分界点,关内每天津贴 2 元 9 角多,关外每天 3 元 2 角 3 分,所以当我们第一次乘车出嘉峪关时,大家一起喊:"一出嘉峪关,一天三块两毛三。"

断垣残壁的嘉峪关

今日的嘉峪关雄伟壮观,成了嘉峪关市。而当年我们所见到的嘉峪关和长城,却是断垣残壁。这一带的长城,不像山海关和北京一带的长城那样是砖砌的,而是土质长城,根本见不到长城,断续可见到被风沙掩埋的城脚。

看到破烂不堪的嘉峪关,触景生情,想当初,嘉峪关一定是很雄伟的屹立在西北边陲,它肃穆庄严,严阵以待,把匈奴拒之于关外。我们虽然没有看到当初嘉峪关的雄姿,但从古代诗词中可以窥见一二。

有一首佚名的"破阵子·游嘉峪关"诗词,是这样描述当初嘉峪关的:"万里长城西起,边陲锁钥雄浑。悬壁纵伸山脉里,策马挥鞭第一墩。轻蹄重辙痕。战鼓咚咚又击,呐声阵阵欣闻。天地静观奇布阵,铁马金戈气势存,沙场壮士魂。"

这首诗词把我们带回到当初的情景。遗憾的是,我们当年所见的嘉峪关却是断垣残壁……一片凄凉。

艰苦生活的考验

清玉段的定测工作结束后,第五勘测总队撤销,新成立了哈密至乌鲁木齐总队(简称哈乌总队),技术人员实行派遣制。我派遣到哈乌总队第

十二综合分队。我们离开了酒泉，于 6 月底到达新疆哈密的七角井，这里是第十二综合分队队部所在地，不久又搬到十三间房，还在吐鲁番、乌鲁木齐等地住过，主要是参加哈乌段的草测和初测工作。

工作地区是属于干燥区。世界干燥区的面积约占大陆总面积的 30%；我国干旱区的面积约 320 万平方公里，约占我国陆地总面积的三分之一。这种地区气候十分干燥，地面是一片广阔的荒漠景象，在自然地理学中称之为荒漠景观。

通常，荒漠景观有四种类型：以突露岩石组成的称为石质荒漠（岩漠）；以砾石堆积的称砾质荒漠；流砂覆盖的称沙漠；泥土组成的称泥质荒漠等。

我们的工作区主要是砾质荒漠，地表都是大小几厘米的砾石、粗砂等组成。由于常年的风吹日晒，砾石都成褐色，表面可见到风沙磨蚀形成的条痕，这些条痕的方向，也就是主导风力的方向。砂砾层的结构相当结实，有时用铁锹都难以铲开，只能用镐才能刨动它。

我们通常称砾质荒漠为戈壁滩。

在约一年的时间里，我们过着游击队式的生活，吃住工作都在帐篷里，平均一个月左右搬一次家。即使工作告一段落，调休几天，也是在帐篷里度过，利用难得的调休时间，洗洗内衣（内裤）、袜子，写信，看看报纸、杂志等等，生活是单调枯燥的。这一年，帐篷就是我们的家。

在戈壁滩的生活是单调而枯燥的，没任何文娱活动。在连基本生活条件都得不到保证的情况下，压根儿不会想到文娱活动。

伙食方面也很单调，每天出工，中午饭是带几个馒头、一个咸菜疙瘩，还有一行军壶开水。带的水，不敢轻易喝，要留着吃馒头时喝，否则嗓子干的馒头吞不下去。特别是南方人，没水馒头就别想吞下去。

平时很少吃到新鲜菜，多是土豆、萝卜、大白菜、腌菜等容易保存的菜，只有星期天改善伙食，可以吃到鱼、肉等荤菜。

在兰新线哈乌段的一年多勘测生活中，经历了常人所难以承受的考验——干旱、高温、风沙。下面谈一谈如何战胜干旱、高温和风沙的。

战胜干旱和高温

新疆的确是个很美的地方。

新疆的地貌地质特点是:高山为积雪,山脚为冲积、洪积地貌,接着就是戈壁滩,最低处是绿洲。冰雪高山和绿洲,相映成辉,我们通常说的新疆美就是指这些地区。

不过铁路大部分是行走在戈壁滩上,这些地区干旱、少雨,在长期的风吹日晒的风化作用下,巨石崩解为小石、沙土,又经大风吹扬,把细粒沙土吹走,剩下的就是砾石、粗沙构成的荒漠,即戈壁滩。戈壁滩是春风不渡的地区,是漫无边际的空旷、寂寞……我们的勘测工作恰恰是在戈壁滩上。

戈壁滩的特点就是干旱、高温、风沙,一片荒漠,荒无人烟。王之涣的《出寨》诗:"黄河远上白云间,一片孤城万仞山。羌笛何须怨《杨柳》,春风不度玉门关。"概括地道出了戈壁滩的荒凉情景。

干旱和高温,这两者是分不开的,是相辅相成的。而干旱和高温又促使风沙的形成。

干旱是戈壁滩的最大特点。戈壁滩地区干旱少雨,环境的使然,一棵树也没有,低洼处生长有骆驼刺、沙棘、芨芨草、梭梭等耐旱植物。地名也都带有干旱的烙印,如,苦水、一碗泉、烟墩、骆驼圈子、圪垯井、六棵树等等。

我们住的地方往往是在靠近勘测的地方,这样工作时间可以长些,每天出收工可以少走些路,但用水不方便,要到很远的河流或有泉水的地方拉水。运来的水主要是做饭和饮水用,其余用水是严格控制的。平时除刷牙用水外,不洗脸,不洗脚,有时洗碗用细沙子洗。

遇到休息日,可以提供洗脸水,洗完脸洗脚,再用这些水洗背心、裤叉、袜子等,外衣从来不洗。好几个月都不洗澡,偶尔有机会,乘车到附近河流或泉水处擦擦身。

由于干旱地区的经年风吹日晒,我变的又黑又瘦,像猴子一样。1.69米的个子,才100斤重。曾经回老家谈对象,人家听说我在勘测队,已经凉了半截,再看看我的样子,就给吓跑了。

高温也是戈壁滩的特点之一。我们在哈—乌段工作主要是在哈密和吐鲁番地区，夏季温度都在摄氏40度左右，地表温度达摄氏80多度。

高温给我们工作和生活带来许多不便，由于气温高，在太阳照射下，到了中午以后，接近地表部分，空气跳动的厉害，像蒸汽一样，测量仪器无法读准塔尺的刻度，影响了工作质量。

我们不得不早起，到工地后，天刚亮我们就开始工作，到12点以后就收工。下午住在棉帐篷里，就像热锅里的蚂蚁一样，热的难以承受，根本无法休息。我们把帐篷四边的围布掀起来，但还是热，因为空气就是热的，但比烘烤着的热好受些。

最热的当然是吐鲁番，因为遐迩闻名的火焰山就在附近，历史上有"火洲"之称。最高时达摄氏50度上下，地表温度可达摄氏90度左右，鸡蛋埋在土里可以煮熟。遇到高温，我们经常眼冒火花，嗓子干的难受，不断的喝水，干热的汗都流不出来。戈壁滩是一棵树都没有，想躲日晒都没有地方躲，而草帽遮阳的作用是有限的。

这里是典型的大陆性气候，不但气温高，而且早晚和中午温差相差很大，"早穿棉袄午穿纱，抱着火炉吃西瓜。"就是对吐鲁番气候变化的最真实的写照。

面对风沙袭击

在兰新铁路线上有三大风口，是全国闻名的——甘肃安西、哈密十三间房、乌鲁木齐达坂城。

安西风口我们感受不深，因为勘测时距风口较远。

达坂城风口给我们工作带来一定困难，但时间很短。有一次，我坐在达坂城垭口的风口上看航空像片，像片是夹在硬纸皮夹子里，没想到一阵狂风把一张航空像片吹走，为此，回到队里还做了检讨，写完了检查，也就没事了。如果是在边境地区，可能要麻烦些。

哈密十三间房的风口风力最大，且在该区工作和住的时间最长，所以对我们工作和生活影响也最大，对大风的危害，体会的也最为深刻。十三间房有"百里风区"之称，历史上曾出现过瞬时极大风速50.8米/秒的情况。一般风力分为12等级，是按风速进行划分的，12级风最大，称飓风，风速大于32.6米/秒，而十三间房的风速达到50.8米/秒，其威力可想而知。据当地气象资料统计，十三间房年平均大风日数达到205天，大都是8～9级。民间戏称“一年一场风，从春刮到冬”。

十三间房名称的来历，据说是古时在此设驿站，筑有十三间驿房，供行人打尖休憩，避风待行，故名“十三间房”。而现在十三间房房子荡然无存，只见到被风沙埋没的墙基痕迹，证明了这里风力之大。

有关十三间房大风的传说多得很——

据传说有一位叫依三巴依的地主，运着一马车金条，在这一带被风沙所淹没。

最为传奇的是：有个牧羊人在老风口遭遇大风，被吹得迷路后，发现了几个陷在土里的木箱。据牧羊人讲，木箱部分已经朽烂，里面露出了很多金银元宝等财物。可是当他带着家人再来寻找这个地方的时候，却怎么也找不到了。为了证明他的传奇经历，他就拿出曾带回来的几个银元宝示人。这些传闻或许是真的，因为在历史上，哈密境内确实发生过军用饷银或民间镖车被黑风刮走遗失的事件。

1876年，清光绪二年，左宗棠西征时，曾有饷银200万，装车数十辆，解饷官兵数百人，在十三间房一带被大风所没，渺无踪影。

……

暂且不谈历史传闻，就谈我们勘测工作和生活中，也体会到十三间房一带风沙的可怕。我们住的棉帐篷，是钢架支撑的，四周帆布棉围壁的下面，是用三角桩、钩桩钉到土里，但大风往往把桩拔起来，所以，钉完桩后，还要在帆布上压住大量沙土，才能保证帆布棉围壁不被掀起。

有一次，我新买的搪瓷脸盆，放在行军床下，第二天起来发现脸盆底部有一小块搪瓷脱落，我们住的是棉帐篷，也不知怎么被风沙打击脱落的。

还有一次，我们正在野外工作，遇到一阵狂风，紧接着下大冰雹，像小鸡蛋那么大，戈壁滩上光秃秃地，一颗树也没有，没地方躲，只得弯着腰，把臀部对着冰雹，总算头部没受到伤害。

十三间房的风实在可怕，有时大风吹起，当你顺风走时，被大风拎着一路小跑；逆风走时，则走一步退半步。大风时，漫天风沙，只能背对大风，一旦逆着风，眼睛睁不开，连呼吸都困难，不能张嘴，一张嘴，沙子就会顺势灌进来……

汉族维族同胞相处融洽

维吾尔族是我国 56 个民族中人数较多的少数民族，人口约 1 000 万，主要居住在新疆维吾尔族自治区。

勘测队里雇了不少维吾尔族工人，他们不吃猪肉，只吃羊肉，伙食单开。他们不但不吃猪肉，而且还不能让他们看到猪肉，因此每次采购员买到猪肉后，都要在猪肉上面盖上帆布或其他东西。

虽然我们生活习惯不一样，但生活、工作还是在一起，还是有一定的接触和交流。他们爱唱歌、跳舞，业余时，经常放声唱起来，跳起来，我们也学会了一些维吾尔族的歌曲，但跳舞就是学不会。

我们和维吾尔族同胞在一起相处的很融洽，还学了维吾尔语，比如亚克西（很好）、热合麦特（谢谢）、好西（再见）、那也代（去哪里）、巴（有）、约克（没有）、伙西（再见）、看去容（对不起）等等。

知道什么是“雅丹”地貌吗？

风是干旱地区方主要运营力。它一方面吹蚀地表形成风蚀地貌，一方面又把吹蚀的沙携带到远处，沿途遇到障碍物，风力减退，沙粒停留下来，形成风积地形——沙漠。所以风蚀地貌和沙漠是互为依存的。

在哈密地区，除风害给人们生活、工作带来威胁和不便外，风沙所造成的一种风蚀地貌值得向大家介绍一下。这种风蚀地貌称“雅丹”地貌，在哈密五堡一带最典型。“雅丹”原是我国维吾尔族语，意为陡峭的土丘，后来就借用它，称风蚀地貌为“雅丹”地貌。

它的形成是由于在极干旱地区的一些干涸的湖底，常因干涸而裂开，风沿着这些裂隙吹蚀，裂隙愈来愈大，使原来平坦的地面发育成许多不规则的垄脊和宽浅沟槽，这种支离破碎的地面成为“雅丹”地貌。有些地貌外观如同古城堡，俗称魔鬼城。有些雅丹地形的沟深度可达十余米，两壁直立，像巷子一样，长度由数十米到数百米不等，走向与主风向一致。人在其中，就像在迷宫中一样。

我在中学学习地理时，知道了“雅丹”地貌，一直向往着能目睹这奇特的地貌，没想到真的实现了我的夙愿。

读者如有机会到哈密，有兴趣时，可以到十三间房领略一下大风的威力；也可一睹五堡一带魔鬼城的风姿。

干燥、炎热、风沙肆虐的戈壁滩
（在吐鲁番火焰山附近）

(三)吐鲁番地区地震调查

1956 年夏，在兰新铁路勘测中，我曾到吐鲁番地区进行过地震调查，它是铁路勘测中不可缺少的组成部分。遐迩闻名的火焰山就在我们调查区附近。

地震调查前，我们照例对既有地震文字资料记载进行钩稽、分析梳理，认为对线路影响较大的地震，或有些疑问时，往往要进行进一步实地调查和访问。

我们除观察当年地震时遗留的飞鸿雪爪外，就是找当地老乡了解当年地震时的感觉和现象，特别是老年人，我们可以从中得到启发。

吐鲁番葡萄沟不但产遐迩闻名的葡萄，长寿老人也较多，这正是我们访问调查地震烈度的好地方。目标已定，队里开了介绍信，内容大致是："吐鲁番县人民政府：我队担任兰新铁路线哈—乌段铁路勘测，其中地震调查是项重要任务，望县政府协助我队在贵县葡萄沟乡召开老年人地震座谈会，并请解决翻译问题……"

泡在水桶里上班

我和一位钻探工人一起，到吐鲁番县政府联系此事。那天正是酷暑季节，天气奇热，可谓流金铄石，脑袋晕乎乎的。我们到了县政府，找到县政府接待室，只见房门敞开着，办公室内有一张办公桌，没见到人，犹豫片刻，我们又继续往前走，看到有的办公室门关着，有的敞开着，见不到任何一个人。我们感到奇怪，已经两点了，怎么一个上班的人影也没见到，又往回走到县政府接待室，再次向接待室内张望了一下，发现在办公桌的后面有人头在晃动，再细看，原来是一个人在水桶里泡着。我们说你们怎么没人上班呀！他说："我们要到下午四点才上班，现在还没上班，我是在泡凉水避暑呢！"

这下可把我们急坏了，天气这么热，我们在这里干等两小时，怎么受得了。我们把来意和他谈了一下，并递给他介绍信，我心里跳的厉害，怕他以还没到上班时间为借口，拒绝办理。他在介绍信上扫了一眼，在图章处反复看了一遍，然后抬起头笑着对我们说："为我们新疆修铁路，是好事，我们也得到上级的通知和指示，说要大力支持铁路建设，我们会照办的。"说着，把介绍信放在桌子上，站在桶里就批示了。我们高兴地说："谢谢！谢谢！"

当天到葡萄沟已经来不及，只得在县招待所住一个晚上。

遇上割礼

次日一早，我们直奔葡萄沟。这个沟位于吐鲁番县城的北面。刚一进沟就看到葡萄架上布满了葡萄，整条沟都搭着葡萄架，真是名不虚传。沟内气温显然较吐鲁番县城要凉快。

除到处看到挂满葡萄的葡萄架外，还见到许多维吾尔族年轻人在跳舞，在手鼓的伴奏下，节奏轻快而戏谐的动作，引起了我们的兴趣，不觉顿足观看了一阵。

我们好不容易找到了乡政府，递给乡长介绍信。乡长叫买买提。他说："太好了，今天是我儿子 5 岁割礼，请了好多老年人到我们家庆祝，你们正好可以找他们了解地震情况。"然后，叫我们休息一下，并递新摘的葡萄给我们吃，个个硕大，晶莹明亮，垂涎欲滴。尝后，果然香甜可口。接着又说："我这就去给你们找一个翻译，他是我们村里的一个汉族同胞，是个回民，我们这里有翻译的事都是找他。"说完，就走了。

割包皮，维吾尔族叫割礼，进行割礼的时间一般是在单月，孩子的岁数也要求是单数。维吾尔族把割礼看作是人生中的一件大事，要举行割礼仪式。割礼仪式非常隆重，这天我们看到人们在屋顶上敲起纳拉鼓，吹起唢呐，像过节日一样热闹，许多亲朋好友和乡邻等，带着礼物前来祝贺。

维吾尔族老人回忆 1916 年大地震

不久，乡长带来了一个年轻的男翻译，个子比较矮小，人倒是很机灵的。乡长说："翻译姓赵，是回民，汉族人。现在快中午了，你们抓紧开会了解情况，开完会我们一起吃饭。"

我们跟乡长到了一个大厅，有几个维吾尔族老者盘腿坐在四周靠墙

的地上。他又出去东找西找，找了几个，总共有十来个老者。乡长说："他们最小也有70岁以上，最大的已经92岁。"

一个个老者都留着大胡子，黝黑的脸刻上岁月留下的皱纹，彰显出老者的风范，他们穿着维吾尔族的服装，几乎都穿过膝、宽袖、无领、无扣的布料长外衣。颜色好像以白色为主，有花纹。头上戴着各种帽子，有刺绣的小花帽、小白帽，等等。许多帽子叫不出名称，也有缠着白色头巾的……

乡长走后我们开始座谈，主要想了解1916年吐鲁番大地震情况。根据查看文字记载，这次地震定为6级。这是吐鲁番地区最大的一次地震震级。但我们铁路经过地区到底地震烈度是定几度，定不下来。如果是6度，则问题不大，如果是7度，则要进行特殊设计。

我们问他们："这次地震，你们有没有印象，当时的感觉怎样。"通过翻译把我们的意思告诉他们。翻译说完后，老者之间开始交头接耳，气氛十分热烈。不一会儿，一位70多岁的老者先发言，以后大家争着发言，回忆的情况大同小异，什么葡萄架的木头断了，碗架上的碗和墙上挂的东西掉下来，掉土块，悬挂的东西摆得很厉害，门窗咯吱咯吱响……

调查后我们想走，乡长非留我们吃饭不可。我们倒不是客气，主要是吃不惯。他们给我们每人一大块馕（似发面饼），一大碗手抓饭。馕还可以吃，手抓饭实在无法吃，饭里有花椒粒、孜然粒、洋葱、胡萝卜、葱、姜片、羊肉、熟芝麻等，最要命的是油腻腻的羊肉，我一闻到膻味就想吐，更不用说吃了。遂把我这一份抓饭让给小赵翻译吃，他吃得津津有味。我只吃几口馕，就算了事。

(四)踏长征路,精心勘测成昆铁路

成昆铁路线是我国铁路网中的重要干线,对于改善西南地区的交通状况、密切西南边疆与全国各地的联系、加强民族之间的团结、促进西南地区的经济发展和国防建设,都具有十分重要的意义。

该铁路1958年动工修建,1970年建成通车。而勘测设计早在1952年就已开始。

我们铁道部航空勘察事务所(简称"航察所")于1957年初配合铁道部第二设计院(简称"铁二院")开展成昆线部分线段的方案比选。这些地段地质极为复杂,有岩溶、岩爆、有害气体、软土、粉砂、滑坡、危岩落石、泥石流沟、崩塌、岩堆等等。面对如此恶劣的地质条件,有人称之为"修路禁区",还有人称之为"地质博物馆"。不但地质复杂,且交通困难,有些地区人迹难以到达,单纯地面调查,难度较大。为此,铁二院提出,由我单位配合他们,用航空方法进行地质调查,以克服地面调查的局限性,提高调查质量。

我们接受任务后,先在室内开展航空像片判释,然后到现场进行踏勘验证。踏勘所走的路线曾是红军长征经过的地方,倍感亲切。想想当年长征的艰苦情况,我们这些苦算不了什么。长征的精神也激励了我们更好的把成昆铁路勘测工作搞好,选出一条高质量的铁路线,也算我们发扬长征精神吧!

深夜陷车大相岭

1957年3月初,有一天早上,我们20余人乘苏制嘎斯卡车离开雅安向富林(汉源)县出发。当地政府派保卫人员跟随,主要是考虑专家的安全问题。那一带社会治安欠佳,以防万一。

从雅安到富林要跨越大相岭山区,直线距离不到100公里,公路是土路,路况较差,坎坷不平,车速缓慢,颠簸厉害。在跨越大相岭时,速度更慢,到了半夜1点钟,在距大相岭垭口1公里左右,下起鹅毛大雪,看来山顶下雪已经很久了,地面积雪达几十公分,汽车受阻,我们随即下车推车。

汽车开足马力，我们在后面推，使尽全力，车仍然开不上去。

大相岭又叫泥巴山，是由红色土夹大块漂石构成，这是典型的冰川沉积物，黏性大，雪水融化后，形成烂泥巴。汽车行走在上面，车轮尽打滑，垫了草垫，也不起作用。折腾一阵后，我们已经饥寒交迫，身疲力尽。四周一片漆黑。正当我们发愁时，没想到遇见5位公路巡道工人，他们乘的是巡道救护车，车上备有各种救护工具，包括铁锹、绳子、铁耙、铁镐和防滑的铁链轮箍等。

巡道工人把陷车的车轮套上防滑铁链，前拉后推，很快就把两辆卡车开出陷坑，帮我们渡过难关。我们一再表示感谢，他们好像无所谓似地说：这是我们的职责，是应该做的。

越过垭口后，一路到富林是下坡，车速明显加快。到富林已经是下半夜3点了。

第二天天刚亮，乘车出发，沿着大渡河北岸向上游开行，到石棉渡口，过大渡河到达石棉，于当晚住宿拖乌。

紫打地的悲剧

沿途，我们边乘车，边进行地质调查。在石棉地区进行了较长时间调查，因为这段大渡河地质复杂，两岸又是高山。一河怒水，惊涛澎湃。我们很自然想起距今一百多年前，太平天国翼王在紫打地经历的一场大悲剧。

据史书记载：翼王石达开(1831～1863年)，太平天国著名的军事家、统帅。他深受太平军将士和各地民众爱戴，也是太平天国最富有传奇色彩的人物之一。可谓是将领中一位英武天纵的优秀将领，他“谋不亚于杨秀清、勇不弱于萧朝贵”其诗歌及文采也颇受称道。

因太平天国高层领导内讧，洪秀全对石达开猜忌日深。石担心遭到诛杀，半年后率军出走天京，后转战赣、浙、闽、湘、桂、川等省，并于1865年5月进入四川境内的紫打地(今石棉县安顺场)。他们遇到了百年不遇的洪水，河水陡涨，抢渡不成，被清军部队及民团、彝兵等，团团围困于此，苦战月余，粮尽援绝，无法出围，一时陷入了绝境。就在这个时候，清军乘危诱降，四川总督骆秉章派人前来和谈，许诺保全将士生命。

石达开本来是誓死不降的，可是为了手下所有人的性命着想，于是答应了他们的条件。条件就是：石达开必须死，他的手下可以活下来。为了手下的兄弟，石达开答应了和谈条件，相信了骆秉章。6 月 13 日，石达开自投清营，幻想舍命保全部众。可是当他们到了清军营地，骆秉章却不守信用，结果被解往成都，于 8 月 6 日被杀害，其部属 7 000 余人亦被全部处死。

最后，石达开被判处凌迟极刑，这是世界上最令人发指的刑法。“凌迟”大家听说过吧，就是俗话说的“千刀万剐”。据说，凌迟身上要剐三千刀，一般要剐一天。刽子手第一刀总是从头皮上开割，把头皮耷拉下来遮住眼睛。因为刽子手一般不敢正视死者的眼睛。惨不忍睹啊！

石达开是在成都科甲巷被骆秉章凌迟。四位太平天国将领被环绑在一室，面面相觑。刽子手动刀时，一位姓曾的将领痛的惨叫。石达开凛然道：“叫什么？不就是须臾吗？

据说，石达开被割了上千刀，竟然一声不吭，真是条硬汉，让人不得不佩服。时年 32 岁。

顺便介绍一下，还有一种酷刑叫腰斩，也是惨无人道。

据记载，历史上最后一次腰斩是清代河南学政俞鸿图。雍正年间，俞鸿图督学闽中(今福州市)，科考防范很严，操守也很严谨。没想到他的小妻与仆人串通，收取贿赂，他的小妾把考试材料贴在俞鸿图官服背后补褂之上，俞鸿图穿出去，仆人轻轻地揭去授给应试者，而他一点也没觉察到。事情发生后，雍正皇帝将俞鸿图处以腰斩极刑。俞鸿图仓促受刑，及赴刑场方才知道身受腰斩，要求死得痛快爽利一点也来不及了。

咔嚓一刀下去，身子分成两截，人还活着。他蘸着自己的鲜血在地上连写了“惨惨惨惨惨惨惨”七个大字。雍正皇帝闻报，也动了恻隐之心，才下令从此废除腰斩。

但凌迟极刑一直延续到晚清。

彝族上层人士的武装叛乱

在拖乌，我们住了一夜，第二天乘车沿安宁河到达西昌。到西昌后，

县政府非常重视我们的安全问题，派了13位保安人员跟随，以保证苏联专家的安全。

据当地政府介绍，1956年初，凉山彝族聚居地开始进行民主改革，在广大奴隶群众和彝族上层进步人士的强烈要求下，以和平协商方式逐步展开。但是，极少数顽固坚持奴隶制度野蛮统治的奴隶主分子，拼死反对民主改革，密谋策划武装叛乱。

1955年12月24日夜，首先在普雄县申果庄区侯布列拖地区，掀起武装叛乱，接着全州各地先后发生大规模叛乱。反动奴隶主分子胁迫群众参加叛乱，包围攻打县区乡政府、工作团队，残杀民主改革积极分子，袭击人民解放军，气焰十分嚣张。有关人员说："目前社会治安很乱，解放军正在平息武装叛乱。不久前，德昌县县长带一批彝族同胞上山，至今下落不明。"

我们沿安宁河往下游行进，经德昌到米易，这一带正是大凉山彝族自治州，经常有彝族暴动。由于我们是乘汽车在公路上行走，远离山沟峻岭，且有10几个保安人员跟随，所以一路顺利，没有遇到武装叛乱人员的袭击。

从米易到三堆子

到米易后，我们改乘舟楫，雇了3条船前往，当晚打算住宿在叫沙莲的小村庄(从米易到沙莲约30华里，每条船船费5元)。小村庄坐落在江边，总共也就是十几户人家，住的都是破木房。风吹着房子的门窗，咯吱咯吱响。无论是大人小孩都是瘦的皮包骨，衣不遮体。看到我们，都出来围观，特别是苏联专家更引起他们兴趣，不要说蓝眼睛，黄头发，高鼻子的洋人从来没见过，就是外地人，大概也难得见过。

他们完全过着农耕时代自给自足生活，附近坡地上散布零星的梯田和菜地。他们和外界几乎是隔绝的。这样的村庄，我们不可能对他们有任何企求——住宿和吃饭问题。好在我们事先知道这一带老百姓比较穷，备足了馒头和面包、果酱、奶油等，当然面包、奶油和果酱是给专家吃的。我们分散在各家休息，坐在板凳或门口的台阶上，迷迷糊糊过了一

夜。专家当然要照顾，还有一个铁二院的陈总，已经50多岁了，他们两人用门板搭了两个床铺，总算应付过去。

从沙莲我们继续乘船到三堆子。三堆子位于雅砻江和金沙江汇合处的金沙江北岸。我们想在三堆子休息一天，然后沿金沙江往下游直达拉鲊，沿途观察金沙江两岸的地质情况。

但没想到三堆子还不如沙莲。我们在雅砻江边看到有一家孤零零住户，除夫妇俩人外，还有三个男孩和一个女孩，不是残疾人就是傻子。破木房有两间住房，可能两个夫妇住一间，四个孩子挤在一间。没有床铺，地板上铺的稻草就是床铺，有几个破棉絮。

暮色朦胧，夜幕下，附近是否还有其他住家，并不清楚。

我们不敢在这种地方住。他们住在这山沟里，能活的下去吗？但一想，周围山清水秀，空气清新，是个养人的好地方，住家种些谷物青菜，养些牲畜家禽，过着世外桃源的生活，也是不错的。反观这一家人，六人中，只是子女是残疾人和傻子，父母亲虽然瘦些，但很正常。唯一的解释是近亲繁殖，因为父母是正常人，只是子女是残疾人和傻子。

后来才知道，不仅仅是三堆子没法住，除终点拉鲊外，沿途的几个小村庄都无法过夜。

这一带是红军长征经过的地方，都是荒山僻野，我们干脆在船上过夜。船上可以做饭、烧开水。烧火的柴不够，我们就沿途拾些干树枝补充。

唯一不称心的是经常被冻醒。

名副其实的“一步苦”

从三堆子到拉鲊是成昆铁路工程地质最复杂的地段之一，这一段是沿金沙江走的，两岸山高谷深，山坡陡峻，变质岩经过多次挤压，岩石破碎，风化严重，光秃秃的山体，形成了众多的泥石流、滑坡、崩坍、岩堆等不良地质现象。金沙江的这一河段，约40～50公里，到底能不能修铁路，一直有两种迥然不同的看法。我们几十个人，从西昌

出发，水陆兼程，马不停蹄，目的就是查明这一段的地质情况，做出结论。

只要河边有路，我们就边走边调查，并把观察结果记在野外记录本上。三只船跟着我们走，当步行困难时就乘船。有的山坡坡度达五六十度，其中最险峻的一段叫“一步苦”，顾名思义，山坡坡度达七八十度，每走一步都苦得很。

一步苦，是这次金沙江调查地质最复杂的一段，也是我们重点调查的地段。

我们曾在室内利用立体镜观察航空像片，可以观察到崩坍体的山坡有一系列大致平行河流的裂缝，这些裂缝都有可能产生新的崩坍体，这些裂缝在地面上是无法观察到，因为地形陡峻，地质人员无法到达该处观察。

虽然山坡坡度很陡，走一步都很苦。但我们年纪轻，初生牛犊不怕虎，自告奋勇往上爬，想看看究竟山体裂缝有多宽。我们高兴地，一步一步往上爬，山坡上没有路，我们手攀植被枝蔓，或抓住稳固的石头，往上挪动。爬了没多高，心里慌得很，生怕往下掉，两腿直发抖。至于山坡的大裂缝，根本没看到。只听到下面金沙江险滩水流的怒号声，不敢往下看。高度的紧张，似乎失去自控的能力。最后，不得不下山到了江边。

专家和陈总他们在江边休息，我们下来后，陈总说：“我们早就知道你们到不了山顶，不过不能打击你们的积极性，所以没有阻止你们上山。”

在江边，船工们对我们说：“我们船过险滩，你们不能乘船，很危险。”他们把我们渡到对岸，也就是泥石流这一岸，有小路可走。我们沿小路走到险滩下，船工才接我们上船。

当晚就在一步苦附近的江中过夜。第二天仍然边调查边乘船，过了中午，就到了本次调查的终点——拉鲊，这一带是当年红军渡金沙江的渡口之一。

瞻仰会理长征革命遗址

次日离开拉鲊到会理，经西昌、石棉、雅安，回到成都。我们在会理停留了一天，是为了参观长征时会理的革命遗址。

会理是当年红军长征路过的地方，它位于四川省凉山彝族自治州最南端的金沙江左岸，是国家历史文化名城，是四渡赤水后红军入川第一县。红军在会理召开了中央政治局扩大会议，会理会议是长征中一次非常重要的会议。

在会理城外东北面 9 公里处的山上，会理会议遗址掩映在一片绿荫葱葱的松树林中。我们瞻仰了先烈的丰功伟绩。当年党中央在此召开了入川后的第一次中央政治局扩大会议，参加会议的人员有中央政治局委员：毛泽东、朱德、陈云、周恩来、张闻天、秦邦宪；政治局候补委员：王稼祥、邓发、刘少奇、何克全……

会议由张闻天主持并作报告，毛泽东在会上作了总结发言。会理会议是遵义会议的继续，也是红军长征中的又一转折点。

会理的皎平渡口还是红军长征巧夺金沙江的地方。我们参观了皎平渡红军渡江遗址，然后，沿着石梯而下，来到当年毛泽东、周恩来、朱德等中央红军领导住过的山洞，听解说员介绍当年红军巧渡金沙江，智取渡江卡的细节。

1935 年 5 月，中国工农红军在会理境内皎平渡凭借 7 只木船，在当地三十七名船工的帮助下，历时 7 天 7 夜，3 万余红军将士胜利渡江，从而彻底摆脱了数十万国民党军队的围追堵截，实现了中国革命的重大转折。

我们推荐的方案被采纳了

到成都后，我们踏勘小组向铁二院领导汇报现场调查后的意见，重点汇报金沙江方案是否成立以及一步苦地段线路走向问题。

我们出来之前，设计院曾对成昆线永仁方案和金沙江方案进行勘测设计比较，初步结论是倾向于推荐永仁方案，否定金沙江方案。我们这次

出来调查就是落实金沙江方案是否走的通，是否要放弃。

我们通过航空像片判释和外业调查后，认为金沙江方案地质虽然复杂，但还是可行的，并不是禁区，它的优点是，线路工程量小，造价低，而永仁方案地质条件好些，但地形发杂，工程艰巨，造价高……最后我们推荐金沙江方案为主要方案，后来建成通车的就是金沙江方案。

接着我们汇报了一步苦的地质情况。原来室内纸上定线时，线路在一步苦崩坍处，避开崩坍体，以一公里隧道通过。我们通过室内航空像片的立体观察、调绘和分析，认为崩坍体规模较大，且是活动性崩坍，岩体破碎，风化极严重，山体有许多裂缝，鉴于上述情况，建议隧道还要往里靠，远离崩坍体，以 4 公里多长的隧道通过。

我们汇报后，设计院领导采纳了我们的意见，决定进一步对永仁方案和金沙江方案进行勘测比较，最后推荐了金沙江方案作为主要方案。

一步苦的莲地隧道方案，也采纳了我们建议的长隧道方案。目前通车的莲地隧道，正是当年我们推荐的方案，经过多年的运营考验，隧道安然无恙。

第一次参加航空目测

1958 年为了查明成昆线北段越西河和安宁河之间的垭口情况，上级决定进行航空目测。我有幸参加了这次目测，这是我第一次参加目测。

因为当时我们国家的地形图不准确，靠地形图判断垭口地形及标高，往往出错，而用航空目测可以提供沿线和垭口的地形、地貌、地质概况，为选线提供相应资料。

目测飞机是用苏制里-2 飞机改装的，飞机沿着越西河谷向垭口方向飞行，越过小相岭垭口后，沿安宁河谷向下游飞行。飞机离地面不过四五百米，飞行速度约 100 m/s，我们在一块硬板上夹一张厘米纸，按时间把观察到的山坡沟谷切割、山坡坡度、岩性、不良地质、植被等情况绘到厘米纸上，绘成一张地质和地貌草图，这种图对室内纸上初步定线非常有用。

目测后，苏联专家对大家目测记录进行归纳、汇总，没想到我居然得到专家的表扬，说是记录最全、最好的一个。我自己明白，因为我最年轻，当然眼尖手快，比年纪大的工程师记得全一些，是很正常的事，并不说明我有什么水平，不值得大惊小怪。

在成昆线参观利子依达泥石流沟，图中从左至右为陆炜、杨成志、潘仲仁、作者。(1982)

(五)秦岭情结

关于秦岭

秦岭是长江和黄河流域的分水岭。

秦岭,分为狭义上的秦岭和广义上的秦岭。狭义上的秦岭,仅限于陕西省南部、渭河与汉江之间的山地。广义的秦岭,西起昆仑,中经陇南、陕南,东至鄂豫皖—大别山以及蚌埠附近的张八岭,是横贯中国中部的东西走向山脉,长约 1 600 多公里,主峰太白山海拔 3 771.2 米。

秦岭的地形特点是:由东向西逐渐升高。秦岭北坡山麓短急,地形陡峭,多峡谷;南坡山麓缓长,坡势较缓。

秦岭还被尊为华夏文明的龙脉。我们仅从陕西境内通过秦岭山脉的古道之古、之多,就可看出它是华夏文明的龙脉。

远在商周以前,山间已出现沟通南北的古代道路,周秦汉唐千余年间,秦岭驿道作为首都长安联结南方诸省的战略通道,在古代政治、军事、经济诸方面发挥过重要作用,遗留蕴涵丰富的历史积淀。这些古道包括子午道、骆谷道、褒斜道、陈仓、蓝武道、库谷道等。其中,褒斜道最古老,据记载,在夏禹时期就已形成。

这里不想对各个古道进行介绍,仅以最重要的子午道,做简略介绍:子午道系古代长安通往汉中、安康及巴蜀的驿道。因穿越子午谷,且从长安南行开始一段道路方向正南北向而得名。此道开辟于秦代,东汉王升《石门颂》称:“高祖受命,兴于汉中,道由子午”。秦末刘项相争,刘邦被迫前往汉中就任汉王,所行即子午道。

其实秦岭山脉最值得一提的是它在地理和气候方面所起的作用。

秦岭淮河一线,是中国东部地区南北方分界线。特别是秦岭的南侧和北侧,地理景观和气候有明显的差别。秦岭以南属亚热带气候,自然条件为南方型;以北属暖温带气候,自然条件为北方型。秦岭南北的农业生产特点也有显著的差异。秦岭能够阻挡寒潮南下,夏天又能阻挡潮湿的海风进入西北地区。

秦岭在地质构造上，极为复杂，山体陡峻，崖陡壁峭，巍然突起。

秦岭的存在，给铁路的修建带来了许多困难。上个世纪50年代修建通车的宝成铁路，从宝鸡到秦岭，一路上坡，设计人员巧妙利用地形，采用“之字”线、“灯泡”线，连续爬坡，迂回到合适高度后，以长隧道穿过秦岭。人们从远处瞭望秦岭北坡，可以看到铁路线在秦岭山脉中来回穿行，蔚为壮观。

西安—汉口铁路、西安—安康铁路均穿越秦岭。我先后参加了这两条铁路线的勘测工作，曾三次到过秦岭进行地质测绘，这辈子和秦岭结上了缘，一些垭口来回爬过多次。

印象最深的是1987年勘测西安—安康线时，我们到过秦岭垭口，这个垭口正是著名的子午道通过的垭口。子午道系古代长安通往汉中、安康及巴蜀的驿道，也是商旅之道和军事要道。我们在秦岭垭口逗留了很长一段时间。

站在垭口上，瞬息之间可以看到南北不同的地理景观，心中不免产生一种豪迈的感觉。眺望岁月留下苍茫古道，情不自禁地臆想起古代商队驮着物资的骡和马，蹒跚行走在古道上的盛况；官兵长途跋涉、风尘仆仆，疲惫不堪的场面；驿差快马加鞭，汗流浃背，心急如焚的奔波……尽管年年草枯草荣依旧，但古道却今是昨非了。

斗转星移，时代进步了，社会繁荣了，而古道却落寞了。

下面介绍三次进秦岭的概况。

第一次进秦岭

1957年5月，我担任了西汉线的铁路踏勘工作，这是我第一次到秦岭山区进行勘测工作。我们单位是铁道部专业设计院（现中铁工程设计咨询集团），是专搞航空地质工作的，当时，我院自己没有勘测队伍，是配合铁道部第四设计院（简称“铁四院”）西汉总队开展航空地质工作的。西汉总队队部在陕西蓝田，我们到蓝田西汉总队后，由总队地质负责人石工程师和我们一起参加这次踏勘工作。

同行者有苏联航空地质专家高鲁宾柯，石工程师、翻译和本人。从蓝田到黑龙口，无公路，我们雇了三个老乡挑行李，来回约 80 公里，经过讨价还价，以每人 40 元谈成。我们这次主要是要调查文公庙垭口的地质情况，之后，我们还要陆续查看其它几个垭口的地质情况。

文公庙垭口只是线路穿越秦岭的一个方案。该垭口是在秦岭最东端的一个垭口，也是秦岭最低的一个垭口。

铁路线跨越山脉，一般都选在垭口处穿越，这样隧道较短些，造价也可低些。

80 公里，如果是一马平川，走两天，累是累，但不算什么。而我们走的是越岭山路，要爬两三百米高差，才到达垭口。沿途休息了好几次。到了文公庙垭口已经是筋疲力尽，满身大汗，上气接不了下气。稍事休息后，就抓紧调查垭口附近的地质情况，观察附近山坡的覆盖层厚度、岩层、有没有断层或一些山坡变形迹象，用手垂敲敲岩石，判断风化程度，用罗盘测岩层产状和节理的产状……把所调查和测绘到的资料、数据记到野外记录本上，还要绘草图等等，回到住地黑龙口已经天黑。晚上睡的特香。

第二天回到蓝田，时间倒很富裕，因为只走路，不工作。

接着，我们又从蓝田乘汽车到商县。从蓝田到商县要翻越高差达三四百米的秦岭山脉，我们要调查三处垭口的地质情况，有的垭口来回翻越两次，因为一次看不完。每次在垭口观察地质情况后，如果都走回到商县住，耗的时间太多了。

为了多一些工作时间，我们在南坡靠近几个垭口较近的地方找到一个住的地方——葛牌镇。我们喜出望外，在荒山野岭居然还能找到一个村庄。

葛牌镇有个小学校，镇领导安排我们住在小学校，把课桌拼起就是床铺。为了照顾苏联专家，用两扇大门板拼成床铺，让专家睡。

在葛牌镇住了几天，每天翻越一个垭口，要爬三四百米高的山岭，约 50 公里路程。5 天行程总共达 200 多公里。每天回到住处，都已天黑，筋疲力尽，满身湿透，无法洗澡，只能擦擦身。

我们都才 20 多岁，吃些苦，受些累，晚上都睡的很香，第二天起来，已

恢复了疲劳；专家是50多岁的人了，就不如我们睡的香。我们当然不知道他睡不好，只是第二天起床后，专家对我们说："你们几个到底年轻，晚上睡得真香，还打呼噜，像奏乐一样，我一夜翻来覆去，睡不好，年轻人就是好啊！"

高鲁宾柯专家是个令人钦佩尊敬的专家，他不但技术高超，而且工作认真负责，不怕吃苦，在技术上严格要求我们，生活上关心我们，可以说是德高望重的专家。据专家介绍，在苏联，卫国战争后，急需科技人才，就把参加过二次世界大战卫国战争的士兵，送到大学学习。他就是参加卫国战争后到大学学习的。

葛牌镇小学校约有20来个小学生，我们早出晚归，互相难得相见。晚上我们回来时，他们还没睡，在夜色中他们也辨不清有外国人，即使看到了，我们也已进了学校。为了保证专家安全，当地老乡是不许进校门的。

离开葛牌镇那天，当地政府为我们送行，镇上所有人几乎都来了。估计他们这一辈子从来没见过外国人，这次怎能不来一睹为快呢！我想，也可能当地政府应老乡的要求，用开欢送会的形式，让老乡看一看外国人，以满足他们的愿望。

欢送会很简单，没有专门的会场，在镇政府门口空地上，摆一张长方桌子，桌子前摆了几个长板凳。我们坐在长板凳上，后面是小学生，一律穿白衬衣，兰布裤子，大部份同学系红领巾。再往后就是扶老携幼的群众，都是自带板凳。

有几个民兵背着枪在维持秩序，表情严肃。因身负重任，要保证苏联专家的绝对安全，有种君临天下的威严。

会议没有主持人，镇长喊几句安静了！安静了！就热情洋溢地说一些欢送的话，一些套话。话音刚落，便鸣放鞭炮，几个小学生手持鲜花向专家献花，一位女学生给专家脖子上套上红领巾。专家心情十分激动，当场答应回西安后买些书送给小学校留念。

位于秦岭山区深处的葛牌镇，山清水秀，可以说是世外桃源，人口估计有三四百人。这里的小孩穿的很破烂，都光着脚丫子，脸无血色，但却

胖的很，显然是营养不足之故。不少小孩有眼病，大都是塌鼻梁。特别引起我们兴趣的，是小男孩的发型，在当时，可以说是全国乃至全世界发型最多、最时髦的地方之一，只是养在深闺人未识罢了。

留的发型有留寸头的，有留长发一边倒的或两边分开的；有前面留一撮，或后面留一撮的，也有前后各留一小撮的；头顶有留一圈的或像鱼的背鳍一样留一长条的；有厚厚一层，像马桶盖一样盖在头上的……据当地人介绍，这里的人习惯将小男孩的头发一年理一些，从两三岁开始，理到十岁，把全部头发理光，这期间，爱怎么留，怎么理，都可以。

当然这些发型和当今社会的发型无法相比，现在，我国仅男性发型就多得很，什么香菇头、锅盖头、大背头、瓦片头、贝壳头；披肩发、短头发、鱼脊发、寸头（园寸头、板寸头、毛寸头）、光头；还有中分类、侧分类；罗纳尔多头、贝克汉姆头、郭德纲的黑桃发型，等等，上述列出的只是最常见的，更多的发型我并没研究，也说不清。

葛牌镇所见的小孩发型是在上个世纪 50 年代，而且只是一个小镇所见的发型，应该说是一种很特殊的一种现象。

8 月底回到北京。其时，单位正在开展轰轰烈烈的反右派斗争，到处贴满大字报。大家都在写大字报、看大字报，要嘛政治学习和传达中央文件，根本不搞生产工作。

由于我们前阶段没参加运动，跟不上形势。

专家更不理解，说："你们中国怎么回事，整天搞运动，贴大字报，生产怎么随便说停就停了……

第二次进秦岭

事隔 30 年，1987 年，我们有幸再度到秦岭地区开展遥感地质调查工作，这次参加的是西安—安康线秦岭隧道遥感地质调查，心中充满喜悦。

西安—安康铁路线是连通我国西北与西南的一条重要通道，其中以约 20 公里长秦岭隧道穿越我国三大东西复杂构造带之一的秦岭山区。该隧道通过地区地质之复杂、工程之艰巨，在我国铁路建设史上是罕见的。

我们利用先进的遥感技术，在室内解译研究的基础上，到现场进行了验证调查，确定了断层 113 条、不良地质 232 处，编制了 11 种遥感专题图。最终，在四个主要方案中，经综合比选，推荐了石砭峪方案。

在两年的外业地质调查中，我们跑遍了每一条峪（当地人把沟称为“峪”），每一个山头，无论是炎热的夏天还是严寒的冬天，我们都坚持外业调查。秦岭山区的夏天是很热的，炙热的太阳，把沟底晒的像蒸笼一样。我们要经常爬山、身上背着背包，内装有馒头和咸菜、装满水的行军壶、手垂、罗盘、工作手册、笔记本等等，边爬山还要边工作，进行量测和记录，常常是全身湿透；冬天寒风凛冽，在记录本上记录都困难，手上的皮肤被冻紫了、吹裂了……

两年时间，当然不是每天都在野外调查，往往外业工作一段时间，内业整理一段时间。

在秦岭山区工作虽然艰苦，但勘测队员长年累月受自然界的熏陶，经历过艰难险阻，往往心胸比较开阔和乐观，喜欢说说笑笑，还有浪漫的色彩——

由于秦岭山体主要是花岗岩体、混合花岗岩以及各种变质岩组成。这些岩层经历了多期变形变质和混合岩化作用，就像宁麻花一样，挤压形成了似肠状的独特的彩色图案，我们往往顿足欣赏这些大自然的杰作——天然的巨型的壁画，人工无论如何是绘不出这么大的画面。

勘测队员喜欢苦中取乐，也富有想象力，也很浪漫，硬是把自然界神工鬼斧的造化看成是艺术品，久久地凝视欣赏，这种恢弘巨大的壁画，人们无论如何是无法造就的。我们拍了不少类似的照片。

我曾联想到敦煌壁画——飞天，是否就是取材于秦岭沟峪中陡壁上的岩层图案，因为这些彩色图案就像飞天一样。

为什么飞天彩像会出现在西北，而不出现在东北、西南和东南呢，因为这些地区的岩层没有这种图像出露，即使有这种图像也会被植被所遮盖。只有西北干旱地区，岩层裸露较好，才会使这种奇特的图像暴露无遗地显示出来。

我是搞工程的，对艺术和考古是门外汉，不了解情况，也许有关专家

对敦煌飞天的研究早有结论，就算我无知了。

第三次进秦岭

8年后，即1996年，西康线秦岭隧道开始施工，而且采纳了我们推荐的石砭峪方案。为了了解该隧道施工中的地质情况，我第三次到秦岭山区。

这次显然不是专门地质调查，而是配合施工部门，了解秦岭隧道施工中有什么地质问题，看是否和我们预测的一样。这种回访工作实际仍然是属地质调查的范畴。

这是我第二次深入到隧道施工工地观察地质情况，第一次是1982年配合京广线复线大瑶山隧道施工时，进入过隧道观察地质情况。

我们在秦岭隧道施工现场，住了半个多月，每天都进入隧道观察隧道施工中出现的地质情况。该隧道长18.5公里，是当时全国最长的铁路隧道。

隧道里虽然有照明，但仍显昏暗。挖掘面处，作业的机器轰隆声，震耳欲聋，地下是石渣、烂泥和积水，出水多是，可听到流水声。为了排水，修了排水沟。

未衬砌的洞身部分，岩石参差不齐，张牙舞爪，随时都有掉石的可能。

为了安全起见，我们进洞，按要求，都戴安全帽、穿雨鞋，还要带手电筒；渗水多时，还要穿雨衣。洞内布满各种管线，通风管道、排水管道、动力电线、照明电线等等，还有运渣石的小轨道，不时有运渣车来回穿梭。所以在洞内工作是高度紧张的，走动要特别小心，特别是还要工作，更要倍加小心。

洞口的鼓风机、抽水泵日夜不停地运转着……

经过十几天的跟踪观察、访问技术人员和工人，确认隧道通过地区工程地质条件较佳，未出现较大的突水和坍塌现象。施工人员反映："我们参加过多少长隧道施工，从来没有见过这么好的地质条件，也从来没有这么顺利过。"听到施工人员这么好的评价，我们心里踏实了，说明几年的工程地质工作没白干，也证实了我们所推荐的方案是正确的。这是全体参加秦岭隧道综合勘探的所有人员的劳动结晶和光荣。

2004年，秦岭隧道工程地质勘察获全国第九届优秀工程勘察项目奖金质奖，这是工程项目的全国最高荣誉奖。

长隧道施工不死人是很少的，秦岭隧道施工做到了。当然这和整个隧道施工方法、工艺水平、设备、施工环境等的改善有很大的关系。如对突水、坍塌的应对和处理能力有所提高；工艺水平和施工环境也有很大的提高。

上个世纪五六十年代，我国隧道开挖还是人工操作，而且是干钻，洞内充满石粉尘，长期从事风钻挖掘的工人，都得了矽肺病。得了这种病呼吸困难，是很折磨人的。

早期施工都是住帐篷，作业结束回住处，一身汗臭和泥土，用脸盆盛满水，往身上冲。洗完澡，吃完饭，就是睡觉，无任何文娱活动，最多也就是下下棋、打打扑克，生活枯燥无味。

而秦岭隧道施工就不一样了，风钻是机械操作，是水钻，是群钻，既快又轻松，还很干净，工人再不会得矽肺病了。这既是科技进步的结果，也是我们国家关心施工工人身体健康的具体体现。

不但在隧道施工方法、工艺水平、设备、施工环境等方面得到改善和提高，就是生活环境也大不一样了。住的是自己盖的临时房屋和活动房屋，有职工住房、办公室、会议室、卫生间、淋浴间；还有阅览室、文娱活动室、舞厅、卡拉ok厅……天天晚上有舞会，队领导带头跳舞和唱卡拉ok。尽管跳舞姿势难看，唱歌破嗓子经常跑调，但他们自我感觉很好。队领导带头，职工的积极性也调动起来。隧道施工是连续作业，是三班倒。一个班作业结束后，就到淋浴室痛痛快快冲淋浴，接着就是吃饭。吃完饭后，愿意睡觉、到阅览室看书、跳舞、到卡拉ok厅唱歌……都可以，随自己便。这是改革开放十几年后我国铁路隧道施工队伍的新气象，令人欢欣鼓舞。

秦岭变质岩挤压变形图像

我们还参加过一次他们大干 100 天，迎接国庆节的动员大会。队长文化水平并不高，很可能是工人提拔的。性格开朗爽快，不善言表，但办事雷厉风行。会场是在驻地的一个空地上，大家自己带着小板凳。队长开门见山就说：“今天我们开会就是要求大家在 100 天之内，也就是国庆节前，完成掘洞××米。我这个人他妈的天生不会说话，从娘胎出来就笨得很，人家小孩一岁多些就会说话，我到一岁半才咿呀开始说话。我也不会说大道理，要看实际的，光说大道理顶个屁，你们自己瞧着办，完成指标，二话没说给你们××万元，完成不了，就拜拜，问题就这么简单……”

大会开了约十分钟，就散会了。这是我参加过的，最短，也是效率最高、最干脆的一次动员会。这和一些部门、单位开会，领导套话、空话连篇，无的放矢的马拉松会议成了鲜明的对比。

秦岭隧道Ⅱ线出口，中间为卓宝熙（1996）

勘测队员们在秦岭岭顶上合影，后排左二为卓宝熙（1987）

(六)一次艰难的旅途

上个世纪50年代的交通情况

1957年,我曾经奔走于成都、贵阳、昆明和南宁之间。旅途的艰难至今仍记忆犹新。

从成都到重庆是乘火车,重庆到贵阳、昆明、南宁,是乘长途汽车,当时乘火车和长途汽车可没有现在这么舒服。

二十世纪五十年代后期的旅途情况是什么情况呢?

那个年代,我们铁路职工出差乘火车不要买车票,是使用免票的,只要到火车站登记一下,拿到票据,就可以上车。为了登记卧铺票,往往要很早就到火车站免票登记窗口排队,甚至要通宵排队,才能登上。我们经常登不上卧铺,只得登上硬座,然后提前上车到卧铺登记处登记卧铺号,拿到号后等着叫号,叫到号时,就可以睡卧铺了。这些卧铺都是沿途下车的或有的临时走不了退票后留下的铺位,只能碰运气。当然,职称高的,按规定可以乘软卧的,一般都能登上。而我还是技术员,只能睡硬卧。

从成都到重庆300多公里,乘火车大概8～9小时。当时,火车速度每小时通常不超过100公里,慢车行车速度(包括车站停车时间),只有三四十公里。火车头是蒸汽机车,又黑、又大,开动前,呜!一声长笛后,松闸,喷气,巨大的轮子转动起来,车轮哐当哐当的响着,响的很。火车头拉动后面的车厢,每节车厢的车钩接触处发出金属碰撞的声音和震动感,这种声音和震动,从火车头后面的第一节车厢依次传递到最后一节车厢,像"多米诺效应"。这之后,车就开动了。

整列列车,从又大又黑的火车头到绿色车皮的车厢,无论是外表形状和色调都很单调。

列车不但行速慢,而且车轮碰撞钢轨发出有节奏的响声,加上车厢里的吵杂声,毫无清静感。当时的铁路钢轨是12.5米长,钢轨与钢轨之间有缝隙,车轮通过时有响声,还产生震动。现在是无缝钢轨,所以列车行

走起来十分平稳。

车厢内的设施也和现在的火车车厢无法相比。那时的硬卧想坐在第一层，必须把中层铺位层铺位放下来，才能坐，否则头抬不起来。一旦中层的乘客想睡觉，那么下层铺位就不能坐，因为净空太低，坐着头抬不起来，受不了。每个车厢的一端，有烧煤的锅炉供开水，是水龙头开关。车厢的窗户是活动的，可以上下拉动。夏天没空调，只有电风扇，起不了太多降温作用。车厢内的设施非常简陋，硬座和硬卧都显得很拥挤。硬坐车厢经常超员。

有一次我们连硬座都没签上，就直接上车，坐的是慢车，站站停，火车超员的厉害。沿途上下车的人多，我们被挤到厕所门口……因下车的人多，不久，总算有了个位置。

那时卧铺上被罩、床单、枕巾等都是铁路部门自己洗，列车员提前半个小时就把铺盖卷撤走，影响旅客休息，不像现在直到下车后，由保洁公司来收拾。

以前的火车，上下车厢是有台阶的，老年人上下车厢很不方便，现在车厢地面和站台地面是同一高度，没台阶……

车厢内的服务倒是可以，火车在行驶的过程中一路有轻音乐、相声等音响相伴，同时，列车在运行过程中，列车员有时还组织乘客表演节目，比如唱歌、快板书等等。火车的每一次启动都会预报下一站的站名和到站时间，及停车时间，在接近到达车站前几分钟，广播里提醒“本次列车马上就要到 xx 车站了，请下车的乘客带好行李和随身物品，依次下车。”

在车厢里没有卖货的小车来来回回的叫卖，有的是服务员提着水壶来来回回给乘客供应开水，再就是在开饭的时间段服务员推着小车给不去餐车吃饭又没有自带食品的乘客售卖盒饭……

从重庆到贵阳

到重庆后，只能乘汽车到贵阳。我们住在重庆铁路招待所，乘公共汽车（电车）到长江边，再乘轮渡过长江。过了长江后，还要乘三轮车到达海棠溪长途汽车站。行李是前一天托运的。早上八点开车，我们 5 点多就

起床。

开车前才把旅客托运的行李往车顶上装。

长途汽车是美国二战时的道奇汽车，陈旧不堪。

汽车从海棠溪长途汽车站出发，经巴县、基江、松坎、桐梓、娄山关、遵义、息烽，到贵阳。全程约450公里，走了两天，第一天在桐梓过夜；第二天要过娄山关，路程很紧，到贵阳已经天黑。

公路路况很差，记得在重庆到基江的一段路，好像是柏油路面，基江以后都是土路。沿途尘土飞扬，车开的很慢，尤其是快到桐梓时要过凉风垭山，需爬行七十二拐的盘山公路，在约12公里地段上，爬高650米。12公里走了半个多小时。汽车爬坡行驶缓慢，吃力的很，就像人爬山一样，气喘得厉害。

由于天气热，又是爬坡，水箱的水也开了，不得不停下来，打开车头盖，让水箱里的水降温后再开车。

到了凉风垭山顶，往下看七十二拐，十分壮观。七十二道拐东侧约5公里处，有一处名叫石牛栏，据说，是红军长征时攻克下的一个雄关。

沿途上下车的乘客频繁，有人打招呼，就停车上人，也没有车票，而是收现钱；有的可能是亲戚、乡里、好朋友，上车后，只打个招呼，不收钱。

上车的人，有肩扛行李的，有挑着物品的、有手提水果的，他们不是走远途的，往往都是附近的老乡。他们上车后把车挤的不亦乐乎。按规定，汽车是不能超员的，那只是起始站的规定，到中途后，几乎都是严重的超载。天高皇帝远，谁也管不了他们。

有一次，我是中途上车，没位置，坐在自己铺盖卷上，那知沿途又上了许多老乡，他们有扛着铺盖卷的，有挑着蔬菜、土特产的，还有手提鸡蛋的。他们一拥而上，把车厢挤的满满的。我的腿脚被别人的铺盖卷压的动荡不得，开始还可以忍耐，压久了以后，腿脚都发麻，只得请他们把东西拿走，让我伸伸腿脚。最后还是压在我腿上。还好他们都是短途的乘客，我只得忍着。车上的遭遇，使我体会到“在家千日好，出门一时难”，这句话的真谛。

从贵阳到昆明

到贵阳后，又买了到昆明的长途汽车票，走的是滇黔公路，沿途经安顺、镇宁、晴隆、盘县、富源、沾益，到昆明。路经晴隆二十四拐，是这条公路最险要的地段。二十四拐古称"鸦关"，雄、奇、险、峻，有一夫当关，万夫莫开之势。从山脚至山顶的直线距离约350米，垂直高度约260米；在倾角约60度的斜坡上以“S"“型，顺山势而建，蜿蜒盘旋至关口，全程约4公里。二十四拐虽然不如川黔线凉风垭七十二道拐那样险峻和壮观，但也很险要。更重要的是，它有不寻常的光荣的历史。

第二次世界大战的太平洋战争爆发后，美国陆军准将约瑟夫·史迪威受任美军中缅印战区总司令兼盟军中国战区总参谋长，美陆军部长史汀生要求史迪威“维持滇缅公路”的运输。

1942年，美国的公路工程部队1880工兵营进驻贵州睛隆修筑滇黔公路，用美国制造的水泥砌挡墙，对二十四道拐进行了维修，在当地群众的配合下，完成了修路任务，保证了运输畅通。

24道拐"公路是抗日战争中国际援华军需物资运输的大通道，为抗日战争取得全面胜利做出不可磨灭的贡献。1945年，第一批由美军驾驶的车队通过中印公路到达重庆，蒋介石在重庆发表《中印公路接通的意义》的讲话，将滇黔公路重新命名为“史迪威公路”，睛隆二十四道拐由此而随史迪威公路载入史册。美国工兵一直驻守到日军无条件投降后一个多月才逐渐撤离。

“史迪威公路”是中美人民在反法西斯战争中的历史记录。2006年被国务院评定为国家重点文物保护单位。

从昆明到南宁

在昆明停了几天，于5月的一天，从昆明乘车到南宁，第一天晚上住在贵州册亨，第二天住广西田林。找到旅馆后，到一个饭馆吃饭。那时，天气已经很热，饭馆里，卫生条件很差，苍蝇到处飞。

我食欲好，买了一盘白暂鸡，美美地吃了一餐。第二天长途汽车快到田阳时，肚子剧烈疼痛，还呕吐，到了田阳后，无法继续乘车。

下车后，就近上厕所拉肚子。厕所是露天的，四周用竹编席和木板围城，是架空的，顶部用茅草铺成。坑位踏板是木板的，是悬空的，每个坑位下面置一个便缸，距踏板不到 1 米。

便缸里的大便要等到满缸了，才由农民把大便掏走，以致厕所里臭气熏天，特别是夏天。

我因拉肚子，很快就拉完，一秒种都不想多呆，就立即赶到田阳县人民医院看病。经过大便化验，结论是痢疾，打点滴、吃药，住院两天，总算好了。医生同意我出院。这次教训太深刻了，只能怪自己太麻痹大意了，太不注意卫生了。

出院后，继续乘长途汽车到达南宁，终于结束了一次艰难的旅途。

今昔交通情况对比

艰难的旅途成为记忆。随着科技的日新月异和以人为本观念的深入，我国交通事业突飞猛进，日新月异，现在乘坐的高速铁路动车组和长途汽车条件好多了，也舒适多了。

今天高速铁路上行驶的动车组，是白色流线型的车厢和子弹火车头，宽敞的车厢，协调的色觉，舒适的座位，给人一种简洁、时尚、安详的感觉。列车行速速度达到 350 公里，安全可靠。

列车员小姐，个个身材匀称俊俏，举止端庄，彬彬有礼，笑容可掬，穿着时尚而大方。

开车后，车厢前上方电子屏幕轮流显示车速、室内外气温、天气、到站名称等。

车厢内设施，以人为本，考虑的十分周到。按下电钮，椅背可以调整至合适的半躺位置；椅背上口袋内备有杂志、垃圾袋：扶手上有一活动盖板，掀开盖板，从中可取出活动桌面；车厢的一端备有开水，按下揿钮，即可供水，出水口边备有一次性塑料纸杯；卫生间小巧干净，设备齐全，卫生纸、柠檬香水、紧急呼救器等，一应俱全；抽水马桶是节水型的空气真空抽吸……

买火车票很方便，可以提前几十天买，也可在网上购买，售票点也多的很。

公路交通也有巨大的变化。如今，我国公路像蜘蛛网布满全国，公路总里程约 470 万公里；高速公路里程约 14 万公里。

高速公路上行走的长途汽车，色调和造型美观。不但速度快，而且不颠簸。

长途汽车座位宽敞，车内有开水供应，夏天有空调，冬天有暖气。行里和推车可在乘车的同时放在汽车下方的行李厢内，十分方便。买票也很方便，也可在网上购买……

总之，以往乘坐的火车和长途汽车，和现在的高铁动车组以及长途汽车相比，无论是车的外表造型、色调、车速、车上的设施，舒适度、安全感、服务质量等等，都有天渊之别。

(七)革命老区人民盼铁路

说起来,已经50多年前的事了。

1963年我们参加鹰(潭)—厦(门)铁路二线古城至芷溪段的勘测,后来由于铁路网规划改变,取消鹰厦铁路二线,此段成为赣龙铁路的组成部分,1996年赣龙铁路正式通车,已经时隔30多年了。

由于种种原因,一条铁路,特别是长大干线,从勘测到施工往往要经历很长时间,线路方案几经变化,有的被取消,有的下马后又上马,有的由于路网规划变化,成为其他铁路线的一段,这种情况是屡见不鲜的事。

我们勘测的地段,位于闽西和瑞金革命老区,所经地区,处处可以感受到老区的气氛。

在上杭,我们找到铁道部第四设计院第一勘测队。队部是在一个机器厂内。第二天我们和第一勘测队队员一起,乘卡车到庙前村,这里就是工地了。大部分同志分散住在老乡家中。我们地质组和水文组一起,住在庙前小学。

小学生煞是可爱,一个个天真可爱,他们见到我们总是问:“勘测队叔叔,我们这里要修铁路啦。”我们说:“是啊!”,他们说:“太好了,我们可以乘火车到北京见毛主席了。”

庙前小学的墙壁上,仍遗留有当年红军写的标语口号,已经斑驳不清。看到这些标语,不禁想起了毛主席在一九二九年秋写的清平乐蒋桂战争“风云突变,军阀重开战。洒向人间都是怨,一枕黄粱再现。红旗跃过汀江,直下龙岩上杭。收拾金瓯一片,分田分地真忙。

勘测中遇到许多困难

勘测地区丛林、荆棘、茅草较多,步履维艰。为了拨开荆棘、茅草,手脸外露部分常被划破。每天都要走20多公里地,经常浑身湿透。

由于化学风化严重,加上植被茂密,很难见到基岩露头,给地质调查工作带来了困难。这种情况下,我们还要挖试坑、清除表土,自己带着铁镐或铁锹到现场挖铲。

有时走着走着，走到野猪走过的路，四周都是茅草，走到最后走不通了；有时走的是老乡砍柴走过的路，走着走着就没了。

由于经常走错路，几乎每天都是摸黑回来，幸好大家都备有手电筒。有时为了观察某个点，但被荆棘或茅草所阻当，就用砍柴刀将其砍掉。

对我们威胁最大的是蛇，这一带蛇多得很，每天出工，都会遇到蛇穿来穿去。有一次在山顶的大孤石下，钻出来一只大蟒蛇，约两米多长，我们冷不丁吓了一跳，出了一身冷汗，还好它并没攻击我们的意思，而是往茅草丛直奔而去。

特别是走夜路最难走，还当心蛇，大家都带了蛇药，当时最有名的蛇药是南通出品的季得胜蛇药片。

和老区人民渴望修通铁路、渴望改变家乡的强烈愿望相比，我们吃点苦，是微不足道的。

风景这边独好

我们勘测的地段位于武夷山脉南端，除个别石灰岩地层植被较少以及河田一带花岗岩低丘有水土流失外，其他地区都是青山绿水，空气清新，风景优美。这和东北的严寒，西北的干旱高温，黄土高原的千沟万壑，西南崎岖的岩溶山地，形成鲜明对比，可以说是我到过的勘测地区风景最美的地区。

闽西一带，许多山道都有不少亭子，供行人小憩喝茶，有的亭子还卖茶水或食品。亭子柱上均有对联，记得亭子的对联有："山鸟语调人意惬，野花香送马行迟"；"远山近水好风光，路人邻里请稍憩"，等等。在亭子里休息，喝喝茶水，欣赏对联妙语，也不免荡起浪漫的思绪。

有一次，仲秋季节，我们地质调查经过一个垭口，四周群峰林立。我们沿着小石路，拾阶而上达二百余米。沿途草木茂密，鸟语花香，蜂飞蝶舞，令人陶醉。到达垭口后，发现有一寺庙建在坡脚的花岗岩体上，在群上环抱中把古刹托在云端，每当阴雨天，远远望去似凌霄殿，在流云中忽隐忽现，犹如仙境一般。寺庙周围林木参天，各种花草，竞相怒放，香气扑鼻。那天，天高气爽，阳光和煦，站在垭口眺望，天水相映，景色秀丽，美不胜收。

是啊！武夷山山清水秀，风景如画，空气清新，在一个多月的勘测日子里，给我留下最深刻的感受就是；青山绿水盈目，空气新鲜宜人。

遇到赶集的日子，心里特别高兴。在闽西一带，赶集叫“赶圩”，不同地区赶圩时间不一样，反正隔三差五就有赶圩的，我们赶上时，也会光顾一下，或买些时鲜水果、甘蔗等等。“赶圩”应该算是闽西特殊的一道风景线。

老区人民想念毛主席和红军

革命老区在战争年代，为了支援红军做出了重大贡献。他们还遭到国民党反动派的残酷镇压，许多家人、亲戚献出宝贵生命。

解放后，他们的生活有了很大改善，但由于种种原因，和发达地区相比，他们的生活还很艰苦，甚至吃饱都成问题。我们住在老乡家里，每当我们吃饭时小孩都围着我们，瞪着大眼睛看我们吃饭。小孩们瘦骨嶙峋，脸如菜色，我们看了心里难受……每次吃饭，都给这些可怜的小孩留些米饭、馒头和菜。

有的老乡偷偷的对我们说：“你们是北京来的，在毛主席身边，麻烦你们向毛主席老人家反映一下，能不能把我们的粮食定量增加一些。”

老区人民这种淳朴的感情实在令我们感动，他们相信毛主席，他们提出的要求并不高。我们真是爱莫能助，只能如实告诉他们毛主席不能随便见的。我们只能和他们说些道理，首先肯定老区人民在过去革命战争年代做出了很大贡献，毛主席、党中央和国家不会忘记老区人民，把老区建设始终放在重要的地位，我们这次来这里勘测铁路就是国家重视发展革命老区的具体行动……由于老区原来经济基础较差，和发达地区比，还有不少差距，相信很快会好起来……

在难忘的日日夜夜里，我们和老区人民建立了深厚的友谊，参观了许多革命遗址、展览馆、革命先烈陵墓等等，给我们上了一次生动的革命传统教育；老区人民的淳朴感情，对毛主席、对共产党的信任和热爱，令我们十分感动。

闽西一带流传着许多歌颂红军的歌谣，我们住在长汀县濯田镇时就

听到老乡在唱《伢（长汀客家语即我的意思）为红军撑渡忙》："五月里来出骄阳，红军来到水口乡（即今长汀县濯田镇水口村），情似汀江长流水，伢为红军撑渡忙。"还有《做双布鞋送红军》："哥哥一旁帮点灯，妹妹灯下拿起针，一针一线穷人意，做双布鞋送红军。一双布鞋一片心，送给红军去出征，脚穿布鞋心更雄，消灭敌人享太平。"等等。

误把我们当特务

福建面对台湾，是前线，在那个年代，两岸处于对峙状态，具有浓烈的火药味，随时都有爆发战争的可能。

闽西人民的警惕性很高，可能是老区，而又处在海防前线之故。我们来到上杭庙前村时，拿着介绍信找村长，村长用审视的眼光问了好多问题，如来干什么的、有多少人、每人的身份……都问清楚了，才接待我们。

第二天我们出工调查时，要在线路附近小山包上建立控制点，我们登上一个小山包，在这个山包上埋木桩，还用望远镜观察附近其它山包是否适合建立控制点的。我们用望远镜东张西望时，引起了附近民兵的注意。

他们并不知道我们是住在庙前的勘测队员，以为是国民党空投特务。十几个民兵荷枪实弹从山底下往山上包围我们。还没到我们面前，就喊话："举起手来。"这下可把我们吓坏了，我们还没回过神来，他们已经到我们眼前，把望远镜、罗盘、竹竿、小红白色旗（测量时用）等等，一律没收。我们都举起手，连解释的机会都没有，不明不白地成了俘虏，把所有测量用具没收后，叫我们低头。我们狼狈不堪地低着头下了山，不知把我们带向何处。我们有时抬头看，发现跟随围观的人不少，大部分是小孩。

他们把我们带到庙前大队，队长认识我们，把情况一说，民兵们才恍然大悟，民兵队长忙向我们道歉，虚惊一场的闹剧总算结束了。

参观老区革命事迹

这次勘测工作中，我们参观了部分革命遗址，包括：龙岩、芷溪、古田会议、沙洲坝毛主席旧居等等。长汀是全国著名的革命老区，是一块经过血与火洗礼的红色土地，有"红色小上海之称"。遗憾的是两次经过长汀

都是匆忙的，只逛逛街景而已，革命遗址无法目睹。到上杭后，本想参观上杭革命纪念馆，可惜那天没开放，我们只得扫兴而归。下面我把参观过的闽西和瑞金地区部分革命遗址介绍一下，从中可以领略到民主革命时期老区人民的艰辛，他们遭受国民党的残酷统治，牺牲了无数先烈。老区人民为中国革命事业做出重大贡献。

古田会议会址：举世闻名的古田会议会址就在我们的工作区内，我们当然要去拜访。古田会议是红四军在1929年12月28日至29日在福建省龙岩市上杭县古田召开的第九次党的代表大会。《古田会议决议》明确了我军的性质、宗旨和使命。古田会议会址原来是廖家祠堂，此祠堂建于清末，民国以后曾为一小学校址。祠堂是一组砖木结构建筑，由前后堂房和左右厢房组成。

我们参观时会址还很破烂，祠堂外面左侧有水井，右侧则有红军检阅台，祠堂后面杉柏参天。会议厅中间放着十个木牌，代表十大纲领。当时，并没见到会址上空有红色的“古田会议永放光芒”几个大字，纪念馆也还没盖。

为我们讲解的是雷时标老大爷，他已68岁，精神尚佳，很健谈。老人家谈到当年开会时毛主席住在附近的苏家坡溶洞内，他为毛主席送饭时，非常激动。还说，在附近的大池、小池驻扎有国民党军队一个营，形势十分紧张……

龙岩：在龙岩我们参观了龙岩革命烈士陵园、革命烈士纪念塔。

芷溪：我们出工利用午休时间参观了芷溪革命烈士纪念馆，馆内有71位烈士谱，大部分烈士是在大革命失败以后英勇牺牲的。有不少单位写了祭词，纪念馆门口有副对联曰：“烈士壮志凌霄汉，革命精神贯斗牛”；馆内有题字曰：“革命先烈永垂不朽，烈士精神百世流芳。”

芷溪大队是个穷队，平均每人仅八分田，每年尚需向国家购买粮食，每人每月定量不到10斤，而上杭县的苧园公社某大队平均每人3亩多地，人均月定量15斤，小孩20斤，老年人24斤，有劳动力的，另给2分自留地……

沙洲坝毛主席旧居：在瑞金我们住了几天，有充分的时间缅怀革命先烈遗址。某一星期天，我们乘自己的卡车到沙洲坝毛主席故居参观。讲解员介绍，原来毛主席是住在瑞金城东 10 华里的叶坪，因当时国民党日夜派飞机轰炸，故迁移到沙洲坝。

主席住的房间很简陋，房中陈列有毛主席的床上用品、办公桌、藤椅、一对铁皮箱、瓷鸽子等物品。据说旧棉絮是保姆戴胡氏保留下来的，我们参观时老妈妈还住在长汀。在同座房中还有谢觉哉、张闻天住房。

据讲解员介绍，毛主席 1934 年 4 月～7 月，在沙洲坝居住期间，很关心当地人民的生活，为了解决当地人民的饮水问题，便亲自实地勘察和调查地下水源，领导当地农民挖了两口井，后来被国民党填了一个，现仍保留一口井。

离毛主席住处不远，是临时中央政府所在地，1933 年时盖了中央临时政府礼堂，1934 年苏维埃第二次全国代表大会就在这个礼堂召开的，后被国民党毁坏。我们参观时是 1956 年重建的，可容纳 2 000 多人……有三个特点：一是门多，便于疏散，在这四周共有 17 道门；二是视线好，无论坐在大厅内的哪个位置，都可以看见主席台；三是回音效果佳，不用麦克风，可以清晰听到台上的讲话。

据说在不远处的乌石垅，是朱德总司令的住处，因时间关系，未能参观，实感遗憾。

(八)千沟万壑只等闲

在前面《革命老区人民盼铁路》这篇文章中谈到我们在闽西和江西瑞金革命老区的情况，这次谈的是我参加延安—包头铁路线踏勘的情况，这是我第二次到革命老区进行铁路勘测。这次在陕北革命老区绥德、米脂一带进行勘测工作，由于勘测时间较短，工作较忙，没看到什么革命遗迹，但还是感受到浓烈的革命老区的气息，感受到他们淳朴的感情和对人们的热情；感受到他们迫切希望修建铁路到老区的心情。

1970年7月底，我们从成都乘火车到西安，比较顺利。但从西安到绥德，旅途十分艰难，从西安乘火车到太谷，坐的是硬座，里程不到600公里，在火车上度过了12个多小时，到太谷稍事休息后，又乘铁道部第三设计院(简称“铁三院”)第一总队的卡车，于当晚深夜到达绥德。其实从西安到绥德直线距离不到400公里，由于当时交通不便，无火车可通，几经坎坷，经多次转车，走了约33小时才到。如今从西安到绥德乘火车不过5～6个小时，可见科技进步给人们带来了方便和享受是明显的，只是人们习以为常，不觉奇怪而已。

千沟万壑话黄土

我们参加勘测的铁路线，每一条线经过地区的地质地貌情况都不一样，都有其独特的特点，这条铁路线经过地区的地质地貌特点是黄土高原。黄土是怎么形成的，它的分布范围、地貌特点又是怎样的呢？

黄土是在干旱和半干旱气候条件下形成的一种灰黄色、浅棕黄色的第四纪土状堆积物物。它主要是由细粉砂粒组成，质地均一，以手搓之，易成粉末，含多量钙质或钙质结核，无层里，具多孔性和明显垂直节理。

世界上黄土的分布比较广，约占整个陆地面积的十分之一，如果把它们均匀地铺盖在陆地上，则可形成一米后的盖层。我国黄土面积大约63万平方公里，约占陆地面积的6%，集中分布在北起长城，南界秦岭，西起青海湖，东到太行山的范围内，地理上称为黄土高原。

黄土分布在荒漠地区的边缘，是在干旱和半干旱气候条件下形成的，厚度可达数百米。人们一定会问，这么厚的土层是怎么形成的呢，其实，黄土的成因，一直是地质、地理、土壤等学者们所感兴趣的问题，在大量的文献中，提出了数十种有关黄土成因的学说，这些学说归纳起来不外乎风成、水成及风化残积三种。

黄土地区的地貌很特别，沟谷特别发育，地表支离破碎。为什么呢？主要是因为它是细粉砂组成，胶结不牢，且孔隙大，还有垂直节理，遇到水流冲刷或渗入裂隙中，容易形成各种沟谷和黄土喀斯特，所以把黄土地区地貌称为千沟万壑是很恰当的。

黄土地区的沟谷下切深度可达几十米，但沟宽不过十几米。沟谷壁陡峻，多成直立状。从空中俯视，沟谷多呈掌状、鸡爪状、树枝状分。黄河的水为什么水那么黄，泥沙那么多，就是因为黄土地区沟谷切割严重，水土流失严重，大量泥沙流入黄河的原因。

除沟谷地形外，还有大面积的沟间地。沟间地是指沟谷之间地面。沟间地的形态，可分为三种基本类型，即塬、梁、卯。塬、梁、卯的形成与古地面的形态以及沟谷切割的程度有关。一般塬地区沟谷切割不严重，地面较平坦，面积在数平方公里以上，是良好的耕作地区；梁是条状或脉状的高地，由两条平行的沟谷分割地面而成，相对而言，沟谷切割较塬地区要严重；卯是一种个体独立的丘陵，它常分布在切割厉害的河流下游地带或河流的交汇处。

黄土对铁路工程造成的危害和威胁主要是：滑坡、崩坍、黄土陷穴、坡面冲刷、冲沟以及地下水等等。

推广航空地质方法

我们住在绥德城关二小。我参加第五勘测队地质组工作，那时，派性还很严重，在工作中时有表现。各单位都是军代表当头头，军代表一言九鼎，说了算，连原来勘测队的队和组的建制，也改为营和排，我们地质组改称第三排，不管年纪大小，每星期至少要进行一次军事训练。

我的主要任务就是用航空技术配合铁三院地质人员进行地质调查，

通俗地讲，就是利用航空像片的解译结合地面进行调查。

航空技术这是一种先进的地质调查方法，利用这种方法可以提高地质调查质量和工作效率、减少体力劳动……当时铁路系统的航空技术只有我们铁道部专业设计院有，各个设计院没有开展，他们要开展航空地质调查都由我院派员协助共同进行地质调查；我们还要负责培养、推广工作。

到了上个世纪80年代，航空技术已改称遥感技术，铁路各设计院都设有遥感机构，他们自己都能独立开展遥感地质工作了，我们单位不再配合各个设计院开展遥感地质工作。

到绥德的次日，我就向地质组同志介绍航空地质的一般知识和工作方法，等等，并给他们看了一些航空像片的典型图谱。

第二天我们又到现场体验像片解译的地质内容和实地之间的关系。这些工作也可以说是在现场进行预培训，这样就为今后的工作打下了基础。第三天我们就离开绥德往米脂方向开展地质调查工作……

常走冤枉路

从绥德出发那天，我们雇了3只毛驴，随着工作的往前进展，几乎是一两天就要搬一次家，雇的这3只毛驴可是帮了大忙，没有它，我们寸步难行，赶毛驴的老乡都是当地政府审查过的，我们也放心了。

“沙漠地区靠骆驼，黄土地区靠毛驴。”这一句话千真万确。我们搬家靠毛驴，但地质调查工作，还只能靠两条腿。

黄土地区沟谷多，沟壁陡立，沟窄而深，站在这一岸，和对岸近在咫尺，脸部看得很清楚，双方对话也听得很清楚，但人就是过不去。要到对岸，要沿支沟上溯绕走很远路。我曾经就为了到宽度不过二三十米的沟谷对岸调查地质，沿着支沟上游走，绕了好几个支沟，才到了对岸，走了一个多小时。黄土地区经常要走冤枉路。

我们的工作地点是在陕北的绥德、米脂一带，这里是我国黄土高原的腹地偏北，是以峁为主的峁梁沟壑丘陵区，切割严重，沟谷众多、地面破碎，冤枉路也走的更多些。

陕北的毛驴

陕北高原到处都是山岔岔、沟洼洼，毛驴成为陕北人民亲密的伙伴，在日常生活里，毛驴是不可缺少的代步和生产工具。

黄土高原，十分缺水，是属干旱半干旱地区，当地老乡用水极为困难，他们多住在高处，往往要用毛驴到低处的河沟和泉眼处拉水，走一趟，要一两小时。

除拉水外，耕地、推磨、拉碾、赶集、迎亲、回娘家、出门，交公粮、卖余粮、卖农林产品、拉货物，进城、游子外出，样样离不开它，谁也少不了毛驴。就连过河都要骑驴。

毛驴是陕北人延伸不尽的胳臂腿，毛驴是陕北人生生死死的守护神。特别是赶集那天，黄土坡上，到处可见到毛驴驮着物品奔跑。

以前我并不知道驴、马、螺，之间的关系，到了陕北后才弄清楚他们之间的关系。原来螺是没有生育能力的。是由马和驴杂交生的。如果公驴和母马杂交生的，叫“马骡”，马骡体型像马，较大，耳长，叫声似驴；如果是公马和母驴杂交后所生的，称为“驴骡”，体形似驴，较小。

迎亲队伍

有次中秋节，看到媳妇回娘家，坐在毛驴上，穿着大红的花衣服，头发梳的亮亮的，盘在后脑袋，上面插着银针等首饰和红花，有的还抱着小孩，丈夫在旁边赶毛驴。

最有趣的是有一次我们看到结婚迎亲的队伍，陕北结婚迎亲有两种形式：不是坐轿子，就是骑毛驴。而骑毛驴迎亲则是最普遍、最具特色、最受欢迎的形式。由于好奇，我一直跟着迎亲队伍走。

迎亲队伍，大抵由三十个人组成，真够得上是浩浩荡荡了。尤其是中间那几个骑驴者，个个浓妆艳服，十分醒目抢眼。这时候，毛驴也扬眉吐气了，毛驴头上戴着红缨，脖上挂着铜铃，蹄上钉着铁掌，身上披挂一新，打扮得像“新女婿”一般俊俏。走起路来点头晃脑的，很是神气。毛驴儿的脊梁上备着鞍子，鞍子上面搭着一块花花绿绿的棉被，棉被上面骑坐着一位年轻俊俏的新媳妇。新媳妇的丈夫背着双手，紧跟在毛驴的后面，一边行走，一边同驴背上的婆姨说着话儿。遇着要上坡了，身肢开始后仰，新媳妇便赶紧用双手扳住鞍子的前档儿；下坡了，身肢又要前俯，新媳妇又用双手扳住鞍子的后档儿，这样，新媳妇的身肢便始终保持着端坐直立的姿态。“骑驴婆姨”和“赶驴汉”边行进，边拉着家常话儿，有时赶驴汉还快活地吼出几声信天游来：“骑驴婆姨赶驴汉，咱俩好成面粘粘，你是哥哥的命蛋蛋，搂在怀里打颤颤。”顺便还欣赏着山道旁的田野山水风光，不经意间就到了新媳妇的娘家了。

住在地主家

我们地质组是住在一个地主家里。在那特殊年代——“文化大革命”期间，地主是专政的对象，整天提心吊胆，怎敢乱说乱动呢！怕挨斗，对我们还是很客气的。

地主家当然条件要好些，他们有很深的一口井，不像一般农民要用驴子到附近小沟或泉眼驮水。

虽然有井，用水方便些，但并不轻松，井深有二三十米，用辘轳把一桶水提上来还是很吃力的，把一挑水灌满，再挑到厨房，对我们知识分子而言，没经过一定锻炼是当当不了的。

起先，转辘轳提水很吃力，后来也就适应了。

挑水也是先挑半桶，逐步的增加到一桶。挑水时，肩上垫了垫肩，走时左右晃动，耸着肩膀，手总是抓着肩膀处的扁担，生怕扁担掉下来似的。头几天，肩膀都红肿了，胳臂酸疼，四肢像散了架一样的难受，睡觉也睡不好。经过一段时间磨练，也就习惯了。

陕北的窑洞

一般人以为住窑洞是在荒山秃岭的地方，是穷苦的象征，其实也不尽然。住黄土窑洞是适应自然环境，就地取材的一种选择，就像南方山区多木房一样，也是就地取材的结果。

我们住过几天窑洞，觉得很新鲜，感觉很好，冬暖夏凉，比南方木房要

舒服多了。住窑洞的居民贫富不一，窑洞装修和摆设也有差别，特别是"窑脸"的装修好坏，可以看出房主的社会地位、财富和权势。我们看到的有：简朴的草泥抹的窑脸、砖石砌筑的窑脸和木构架的檐廊木雕装饰的窑脸，等等。简朴的草泥抹的窑脸，是穷苦老百姓的住家；砖石砌筑的窑脸，是中产阶层的住家；木构架的檐廊木雕装饰的窑脸，当然是有地位、有经济实力的大户人家。

许多"窑脸"贴有年画、楹联等。听当地老乡说，他们的祖先贴的都是门神。新社会了，都贴年画和楹联。

陕北老乡的性格

我们在米脂、绥德一带，跑遍了黄土峁梁和沟壑，住在老乡家里，经常和他们聊天儿，也了解了许多陕北人的性格和风俗习惯。他们性格正直、淳朴、厚道、善良、粗犷、热情、豪爽。

我们还发现当地人喜好喝酒，且是高度烈酒，他们说，只有高度烈酒才过瘾，才够味。遇到朋友请你吃饭，只要你能喝酒，你就非醉不可，否则他们认为没有把你招待好。

难怪黄土派画创始人刘文西，自 1957 年起，他 30 多次到陕北过大年，近十余年来，他又每年都带领黄土画派画家到陕北和老乡一起过大年，从未间断。他说："我爱画劳动人民，尤其是陕北的劳动人民，他们正直、淳朴、厚道、善良，他们值得我们画家永远画下去……可见，陕北老乡的性格是多么值得人们称道。

现年 80 多岁高龄的刘文西，是中国美协顾问、陕西美协名誉主席、西安美院名誉院长等职务。

貂蝉和吕布的故事

陕北流传着"米脂的婆姨绥德的汉，清涧的石板瓦窑堡的炭"，这段民谣，在陕西、陕北，可谓家喻户晓，耳熟能详。的确名不虚传，我们亲眼见过，米脂的女子长得是漂亮，绥德男子长得也英俊，尽管他们不如沿海一带人洋气，但显示出朴素的自然美。据史书记载我国四大美人之一的貂蝉是米脂人，才貌双全的吕布是绥德人。可见米脂出美女，绥德出俊汉，是有历史根源的。

谈到貂蝉和吕布不禁想起三国演义中有关凤仪亭的故事，讲述的是貂蝉和吕布二人在凤仪亭私会的情节。据云，十八路诸侯不能杀董卓，而一貂蝉足以杀之；刘、关、张三人不能胜吕布，而貂蝉一女子能胜之。

原来是“司徒妙计高天下，只用美人不用兵。”司徒王允眼见董卓依仗义子吕布之骁勇飞行跋扈，而忧心如焚，因此想到用“连环计”、“美人计”来离间董卓父子的关系。吕布乘董卓上朝议事之机，与貂蝉在后园的凤仪亭相会，被董卓撞见，董卓拿起亭边吕布的画戟追赶着要刺吕布，吕布为得不到貂蝉而痛恨杀掉董卓……

（九）川汉铁路建设做贡献

川汉铁路修建的过程

蜀道难难于上青天，最能体现这句话的莫过于川汉铁路的修建经历。川汉铁路从最初勘测到修成通车，经历了100多年，可以说是我国修建时间经历最长的一条铁路。

川汉铁路是清朝末年计划建设的一条铁路线，原计划从成都起，经重庆、忠州（忠县）、夔州（奉节）、归州（秭归）、宜昌、皂市、应城至汉口，全长2 000公里。

该铁路自晚清提出修建，直到二十世纪九十年代，曾经提出过二十个线路方案（新中国成立前十个、新中国成立后十个），现在建成通车的宜万段铁路算起来，应是第二十一个方案了。

川汉铁路线最先是由詹天佑主持建造，但是最终由于种种原因未能全部建成，只建成了西段的成渝铁路。

上个世纪60年代中期，铁道部第四设计院（简称“铁四院”）推出湖北“清江铁路”方案。但后来的地质勘测证明，“清江河谷”属于工程学上的筑路禁区，修造铁路的难度世界之最，已超越当时国力，否决了“清江铁路”方案。

1965年初，毛主席亲自向西南铁路建设指挥部指挥吕正操同志发出了修建川汉铁路的电报指示。毛主席电报还建议了川汉铁路的具体路径，即从重庆出发，经西（阳）、秀（山）、黔（江）、彭（水），再沿湘北穿江汉平原至武汉。铁四院接到命令后，进行了勘测设计，并把设计的线路做成立体模型，置于人民大会堂，供中央领导参观、审示。

铁四院勘测设计结果表明，毛主席提出的川汉铁路走向在技术上是可能的，布局也是合理的。但由于经过地区地质复杂，工程艰巨，造价极高，认为不可取。

在上个世纪70年代初，铁四院再次开展毛主席提出的川汉线进行勘测。铁道部第二设计院（当时，铁道部专业设计院撤销，航测处合并到铁二院)也派员参加,本人有幸参加了该项工作。

但经过勘测设计综合比较,仍然认为不可取,遂停止了该线的勘测设计工作。

改革开放后,又多次进行勘测设计比较。2010 年建成通车的宜(昌)—万(县)铁路,终于使川汉铁路全线贯通。但这条七拼八凑的川汉铁路已经不是原来詹天佑提出的沿长江的川汉铁路线了。其实 1979 年建成的襄豫铁路(经安康)到襄樊后,接武汉到丹江口铁路到达武汉的铁路,也可以理解为川汉线。

川汉线勘测概况

下面叙述一下我们参加的毛主席提出的经过酉、秀、黔、彭的川汉线勘测情况。

1971 年 2 月到 4 月,铁道部第二设计院组织了 20 多人的技术队伍到现场进行踏勘。

这条线的勘测工作十分艰巨,经过地区山高水深,地形陡峻,地质复杂,尤其是岩溶十分发育,给勘测工作带来许多困难。

其次是找当地政府联系工作也很麻烦。当时正值"文化大革命"中期,虽然提出的口号是"抓革命促生产"但重点还是闹革命,形势还比较乱。我们沿途吃住以及日用品供应都要靠当地政府。有时到一个县或其下属机构联系事,找不到领导或办事人员。当时县的领导机构不叫县政府,而是叫县革命委员会。

他们知道我们是来勘测铁路的都很高兴,特别知道是毛主席的指示要修这条铁路后,都很认真地接待我们,在吃、住、物品供应和提供交通工具等方面都是大力协助。不过,当时还仍存在派性,政令还不通畅,加上物质供应困难,交通工具缺乏,但他们还是尽力满足我们的要求。

每到一个县,一般都由革委会副主任或秘书长等全程陪我们勘测,当我们到另一个县境时,在交界处,邻县的领导已经等在那里接我们。

我们第一天从彭水乘汽车到黔江就出师不利,快到黔江时撞死一个小女孩(10 岁),结果赔棺材费 33 元,买衣服费 26 元,还赔了几十元钱……因为有县革委会领导陪我们一路走，一些善后处理之事，由他们县里处理解决，我们也就不操心了。

虽然沿途都有公路可通，可以减少我们的搬家时间和走路时间，让我们有更多的工作时间，但不等于我们工作很轻松，我们每天都要爬山涉水，都要走二三十公里地，还要经常冒着生命危险到溶洞和暗河里调查地质情况。

千奇百怪的岩溶地貌

我国岩溶地貌分布面积约占全国总面积的七分之一，主要分布在云南、贵州、四川、广西、湖南等地区。

这条铁路线经过的主要是岩溶地貌地区，这种地区的岩溶对铁路的修建造成很大的威胁。有人会好奇地问，什么是岩溶和岩溶地貌呢。

简单地说，就是在可溶性岩石（石灰岩、白云岩、石膏、岩盐等）地区，地表水沿着岩石表面和岩石的裂缝向下流动，在流动过程中，对岩石进行溶蚀、冲蚀等破坏作用，这种地质作用，以及由这些作用所产生的现象的总称。

由岩溶作用所造成的各种地表和地下的各种地形形态，统称岩溶地貌。这些形态有溶沟、石牙、漏斗、落水洞、溶蚀洼地、干谷、盲谷、暗河、溶洞、峰林等等。

岩溶地貌的特点是地表崎岖不平，形成岩溶地区所特有的千奇百怪的地貌。地表很少见到水流，流水多渗入地下的暗河和溶洞中，所以地表往往见不到植被，而是光秃秃的。有时在岩缝中有泉水流出时，在其周围，生长有茂密的植被。

尽管岩溶地貌地表光秃秃的，很少见到地表水和植被，但它千奇百怪的地貌形态却让人称赞不已，像巧夺天工的工艺品，有的成为著名的旅游点。许多人并不完全了解岩溶地貌情况，但提到桂林山水、云南石林以及众多的溶洞景点（如湖北利川腾龙洞、桂林芦笛岩、贵州织金洞、福建将乐玉华洞、重庆武隆芙蓉洞、湖南张家界黄龙洞、北京房山石花洞、辽宁本溪水洞等等）时，大家都耳熟能详，其实它们都是岩溶地貌的一种。

以前地质专家把岩溶称为“喀斯特”(KARST),为什么叫喀斯特呢?

“喀斯特”原是南斯拉夫西北部伊斯特拉半岛上的石灰岩高原的地名,那里有发育典型的岩溶地貌,称喀斯特地貌,所以把岩溶地貌称为“喀斯特”地貌。

我们这次工作地区岩溶特别发育,尤其是酉水流域,最为发育,沿河两岸的石灰岩体中,频频出现溶洞,我们调查溶洞时,当地老乡指着山体对我们说,我们这里都是光秃秃的山,什么都没有,就是山洞洞多的很,就像天上的星星一样多,形容的十分形象。

这里的许多地名也和岩溶现象有关,比如响水洞、一两丝、大洼坑等等。响水洞是因为溶洞内有流水响声;一两丝是指有一个落水洞洞底深不可测,老乡说有一两丝那么深;大洼坑其实就是溶蚀洼地。

谈到岩溶,我们应该提一下徐霞客对岩溶地貌和溶洞研究的贡献。徐霞客(1586～1641 年),是明朝著名的旅行家和地理学家。《徐霞客游记》(简称“游记”)是我国第一部较系统地研究地表岩溶地貌、溶洞的著作。《游记》记载的石灰岩溶洞有 288 个,石灰岩溶洞中,徐霞客入洞考察占 87%。他对溶洞洞穴的类型、洞穴的形态特征、洞穴堆积、暗河……都进行了详细记载。

岩溶现象绝大部分是产生在石灰岩中,石灰岩是一种重要的建筑材料。大家都知道,石灰就是由石灰岩烧成的,我们在现场勘测时经常看到烧石灰的灰窑,不由得想起明朝名臣、民族英雄于谦,他曾写了一首诗,称赞石灰岩的品性。诗的名称叫《石灰吟》:“千锤万凿出深山,烈火焚烧若等闲。粉身碎骨浑不怕,要留清白在人间。”

我很欣赏这首托物言志的诗,也钦佩这位廉洁、正直的清官。因为我是搞地质的,在荒山野岭经常和石灰岩为伴,石灰岩的品性实在值得称赞和歌颂。

神秘的溶洞

溶洞对铁路建设影响很大,特别是对隧道的威胁最大。线路通过溶洞时,我们必须把溶洞的规模大小、形状、溶洞水、充填物情况等等查明,选线和设计时需用这些资料。对隧道有威胁的溶洞只要可以进去，我们都要进去调查。个别对隧道威胁较大的大溶洞，我们又无法进去调查，则要依靠物探和钻探查明情况。

有一次我们进入一个大溶洞内调查溶洞的情况，这个溶洞根据地表调查，以及访问老乡，初步认为是一个较大的溶洞，但洞口成井状，而且较小，只有一米见方，实际就是一个竖井。要进入溶洞先要从洞口往下走，才能到溶洞内。老乡告诉我们以前有个人进去过，说洞子大的很，洞内有流水。但这位老乡早已去逝。

队里决定要对该溶洞进行深入调查。我们事先做了充分准备，带了铁锹、软梯、绳子、手电筒、罗盘、手锤、望远镜、照相机等等用具。我们共6人，3人留在洞口，3人进洞，我参加了洞内的探测。

我们3人沿着软梯往下爬了约十米，到了溶洞底部，用手电筒扫了一下，隐约看到溶洞的一个大厅，听到岩溶水的流动声音。漆黑黑的，产生一种莫名的害怕。就在这一瞬间，许多蝙蝠翩翩起飞，把我们吓了一跳，他们在洞内自由飞翔，有时就在我们身边穿梭而过。等我们定下神后，开始往洞内深处走，每人手电筒都照在身前的地上，否则寸步难移，地面是凹凸不平的。

为了壮壮胆，我们三人一起喊叫了起来，洞内四面八方的一阵阵断断续续杂乱回音，深远悠长。

没走几步，一条水蛇在我们面前穿梭而过，但我们都认为水蛇没毒，所以不害怕。其实大部分的水蛇都是有毒的，只是它们都是后槽牙毒蛇它们的毒牙咬不到人，所以人们一直认为水蛇没有毒。水蛇不但不伤害人，它的肉可以吃，肉质细嫩，味道鲜美可口，做成水蛇粥、水蛇糕，十分可口；水蛇还有药用功效……

洞内一片漆黑，只听到泉水叮咚响。我们把三个手电筒全部打开，环视洞内，看到一个巨大的溶洞空间，见到各种乳白色、灰色的钟乳石、石笋，千姿百态，蔚为壮观。

我们边照手电筒边走路，由于地面崎岖不平，根本没有路，经常要攀登和跨越，摔倒了好几次。当我们走到最低处时，见到一股涓涓细流，水质清澈，手触之，感到冰凉，但我们还是用手捧水洗了脸。之后，都把水壶中剩余的开水倒掉，灌了满满的一壶冰凉水。

虽然水很凉，但洞内的气温还是比地面上温度要暖和些。

我们抓紧时间，绘制了溶洞的形态草图，量测了溶洞的体积、平面尺寸、高度、溶洞出水量等，然后继续沿着流水方向走，到了尽头，发现相邻还有一个溶洞，两个溶洞之间由一个通道联通。通道宽约十余米，但高度只有一米左右，人是走不过去的。为了探明相邻溶洞的情况，我们决定匍匐前进，在地上爬行。除手电筒外，其它东西都卸下，轻装前进。

我们趴在地下爬行，越爬越紧张，不知要爬多远才能到邻洞，爬到10米左右，我们感到胸憋，呼吸困难，也正是这时候，发现前面有一缕光线投射过来。我们高兴极了，继续鼓足勇气，像乌龟一样，慢慢往前爬，终于到达了邻洞。大家首先到水流处，用两手捧着泉水，痛痛快快地喝个够，然后把估测的溶洞体积及尺寸记录下来，就开始往回爬……

在洞内呆了约4个小时，始终处于紧张的状态，其实在洞口的同志们心情比我们还要紧张，因为我们进洞后就失去联系，到底会发生什么事，是否遇险，生死未卜。当时又没有手机，无法联系。当我们到达洞口竖井底部时，马上把手电筒往上照，同时晃动软梯并大声喊叫："我们回来了！"这时洞口同志也喊叫："知道了，知道了，快点上来，小心点！"

上来后，洞口同志马上给我们带上眼罩，因为从漆黑的溶洞内一下子见到强光，眼睛受不了……

洞口上的同志问我们溶洞内很美吧？我们说是一片漆黑，没有路，有蝙蝠和蛇等动物，阴深深的，和开发后的溶洞旅游点完全不一样，旅游点的溶洞在霓虹灯照射下，金碧辉煌，美极了……

虚惊一场

除为了查明该线的园梁山隧道地质构造和毛坝暗河，我们在毛坝住了约一个星期。

毛坝是个突起的山梁，距西阳县城38公里，海拔1 100米，夏季最高气温27度，常年平均气温15度，倒是个避暑的好地方。可惜当时是初

春，还是凉风习习，老乡们在大厅里开会，还生大火盆取暖。

从毛坝回到酉阳县城，我们住在一个旅馆内，没想到发生了一起有惊无险的事。那天晚上我们很晚才决定回到酉阳，不想麻烦县里，就决定住在一个大旅馆里。我们人睡时已经将近午夜，不想刚刚入床，听到有人在敲大门。店主把门打开后，有几个造反派气势汹汹地到我们住处，大喊大叫："起来！起来！要查逃犯，要查反革命团伙。"还问我们有多少人。我们领队的是一位老工程师，姓张，我们都叫他张总，50多岁，平时胆子就小，做事谨小慎微。我们这个组有22人，有一位技术人员前两天先走了，剩下21人。张总由于紧张，说有22人，结果点来点去只有21人。后来给他们解释，前几天先走了一个，我们是铁路勘测队员，是为了落实毛主席指示进行川汉铁路线勘测的。他们看我们这些人都是知识分子，口音也不是当地话，不像逃犯和反革命团伙，只得悻悻而去。后来听店主说，这里经常半夜三更查什么户口、逃犯、反革命分子等等，其实都是闹派性，这一带社会还很不安宁……

从溶洞里爬出来，从左到右魏树元、卓宝熙、郑魁信(1985秋)

(十)南昆铁路勘测的回忆

南昆铁路东起南宁,西止昆明,长800余公里,是我国"八五"重点建设项目之一,是西南出海的一条重要通道,对促进西南各省和广西省的经济发展以及对外贸易均有重要意义。

以往我们利用遥感技术配合都是在勘测阶段,而这条线比较特别,是在施工阶段利用遥感技术。

本人在1991年和1992年,先后四次到南昆铁路线现场进行遥感地质调查,当时已年届花甲,仍然和年青人一起爬山涉水,经受了各种困难和严峻考验。

按自然条件而言,南昆铁路所经地区较东北林海雪原、西北戈壁滩、陕北的黄土高原等地区要好些。西南地区居民点密集,这样,我们中午可以在老乡家热热饭,吃上热面条(在南方勘测我们自己都带挂面、小瓶油、盐等),喝上热开水。特别是我们配合施工部门工作,沿线都有施工队伍,有时遇上施工队伍住地,还能享受他们的伙食。

但生活条件好些,并不等于工作条件也好,也并不等于工作可以轻松些。事实上,在勘测队工作,不管是什么地区,总是会有许多困难,只是表现的形式和程度不同而已。

南昆铁路勘测地区,用水方便,气候温暖,生活条件好。但西南地区山高坡陡,每天出工都面临着严重的考验,都要爬几个山头或下到很深的漏斗底部(溶蚀洼地底部),都在坑坑洼洼的岩溶地面上走动,体力消耗巨大,每次外业回来,都筋疲力尽。

该线铁路所经地区,多为岩溶地区,地表光秃秃的,地面凹凸不平,露出的石灰岩表面粗糙,有的成尖棱状,有的似刀片,走起路来很困难,不但走不快,鞋底还容易磨耗,一双球鞋穿不了多久就开裂了。

在南昆铁路勘测期间,不知穿坏了多少双球鞋。

住在布依族老乡家

我们的工作是在黔西南地区,这一带是布依族和苗族自治州。在路

上或田野所见，布依族男女多喜欢穿蓝、青、黑、白等色布衣服。青壮年男子多包头巾，穿对襟短衣和长裤；老年男人大多穿对襟短衣或长衫；老年妇女头缠蓝色包布，身穿青色无领对襟短衣，下身多穿蓝黑色百褶长裙，脚穿精美翘鼻子满绣花鞋；妇女的服饰各地不一，有的穿蓝黑色百褶长裙，有的喜欢在衣服上绣花，有的喜欢用白毛巾包头，但都带银质手镯、耳环、项圈等饰物。

我们曾经在叫做松林的小村庄住过几天，住在姓王的老乡家中，是村政府安排的，我们当然踏实多了。王家是布依族，但穿着和汉族一样，讲一口流利的贵州普通话。当家人是30多岁的年轻人，叫王朝阳，共产党员，精明能干，思想进步，是该村的民兵队长。他父亲是老党员，是老民兵队长，平时话语不多，显得沉着老练。王朝阳可以说是子承父业，重大的事，决定时都要征求他父亲的意见，可以看出他父亲是很有权威的。

王家家境还不错，家里有六七口人，住房并不富裕。我们是住在阁楼上，上下阁楼要爬木梯子。阁楼净空约两米，地板是木板条拼成，并不密贴，走动时咯吱咯吱地响。阁楼下面是厨房，烧的是柴火，每当做饭时，阁楼油烟弥漫呛人。好在我们回来时，他们饭已做完。阁楼的梁柱壁等，都熏得黑黑的，其实我们点着小蜡烛，黑不黑也看不清，无伤大雅。屋顶经常掉碎块。阁楼地板上铺一层干稻草，就是我们的床铺，再铺上褥子，也就可以御寒了，否则，南方山区的冬夜也会让你睡不好觉的。

我们不但住在他们家，吃也在他们家，真正和老乡打成一片。主食是米饭，菜都是咸菜、蔬菜，这在当地已属不易。我们搭伙一个星期，破例为我们炒了一次鸡蛋，每天伙食费平均也只是一元多，实在有些愧疚。他们不会做馒头，我们出工是带挂面，中午在老乡家里加工，给些加工费，顺便还灌些开水。

每天吃完晚饭后，和他们一起围着火炉聊天，布依族老乡习惯在火盆上吊着火罐子烧开水。火苗轻柔地舔着罐底，罐中的水欢滚着，跳跃着。

我们边聊天、边取暖，喝着热乎乎的茶水，从聊天中了解到不少布依族的风俗习惯和当地的一些情况，大家相处的十分融洽。

在松林村的日子里，住的虽然是被烟熏的阁楼，但却是南昆铁路勘测居住条件最好的一次。

布依族的习俗

布依族主要分布于贵州省，占布依族人口的95%以上，有200多万人，主要聚居在黔南和黔西南两个布依族苗族自治州。云南、四川、广西等省(区)也有少量散居。

布依族人好客、热情、真诚、大方。

酒在布依族日常生活中占有很重要的位置。每年秋收之后，家家都要酿制大量的米酒储存起来，以备常年饮用。布依族喜欢以酒待客，不管来客酒量如何，只要客至，都以酒为先。布依族重礼好客，贵宾到来，必有“进门酒”、“交杯酒”、“千杯酒”和“送客酒”等几道酒礼。对亲朋故旧、素不相识的，一律以酒相待。饮酒时不用杯而用碗，并要行令猜拳、唱歌。

新中国成立前，布依族存在一夫多妻的个别现象。同姓可通婚，但同姓且同宗的严禁通婚。也有“姑舅表婚”和兄终弟及的转房制习俗。

新中国成立后，像大多数民族一样，废除了一夫多妻制。布依族崇尚自由恋爱，男女青年婚前恋爱自由，各地未婚的男女青年都喜欢借助年庆节俗、赶集和集体聚会的时机，以三、五人到七、八人自由组合的方式，通过谈天说笑和唱歌对调，倾诉或表达彼此的感情。

接亲时要对歌，俗称对姐妹歌。新娘到男方家的当天晚上，要举行唱荷包歌和要荷包的活动，有“一夜荷包一夜歌”的说法。

布依族有很多禁忌。到布依族人家中做客，不得触动神龛和供桌，火塘边的三脚架忌讳踩踏。

布依族村寨的山神树和大罗汉树，禁止任何人触摸和砍伐。

布依族送礼必须送双数。

禁止已出嫁的姑娘在娘家生小孩。家有产妇，在门口挂红布和竹篾帽拒人进家，男子不得进入妇女分娩的房间。

孩子体弱多病，父母就要给他寻找保护人干爹、干妈。寻找干爹、干妈有两种方法：一是择日在家等候，3 天内第一个登门的人，即为孩子的保护人；二是择吉日由父母领着孩子，在路上等候第一个过往的行人，即为保护人。

部分布依族分支族人不吃狗肉，一种解释是狗曾经救过其祖先；另一种解释是人类以前并无稻谷，是狗从天神的晒谷场带回稻谷给布依族人，使得布依族成为人类中最早种植水稻的"水稻民族"。

部分布依族分支族人不吃鱼肉，因为相传布依族最早的母亲是龙王的女儿(一条神鱼)。

布依族很讲礼貌，不欢迎满嘴脏话、举止粗鲁的客人。

走长征路，过独木桥

有一次，我们到清水河对岸工作，要走很长一段路，民兵队长派了一位党员民兵给我们带路。回来时摸夜路走了 3 个多小时，还好，我们带了手电筒，到晚上 10 点多才到家，把王家父子急得团团转。王朝阳还特意找我们去，在半路上遇上了我们。我们之所以这么晚回到家，主要是来回过清水河时，耽误了时间。

清水河是南盘江的一条支流，坡陡水急，河宽约五六十米，两岸陡壁高达 100 多米。从岸上到河床高差约 100 多米，特别是东岸陡壁几乎是直立的。当年掘出几百个台阶实在是不容易。我们从东岸走到河床边，花了 30 多分钟，其实 10 几分就可以了，我们却走了 30 多分钟，是因为在东岸陡壁上发现雕刻的一首怀念红军的诗，我们为了一睹此诗，所以耽误了不少时间。

陡壁上雕刻的诗，字迹不清晰，本想用相机照相留影，但由于视角关系，照相字迹看不清，只得目视纪录下来，遗憾的是雕刻的时间看不清楚，没有记下来。不过，可以推测是解放后雕刻的，国民党时期绝对不会让这种怀念诗刻在岩壁上的。可幸的是我所纪录的怀念诗至今仍然保留着，现转抄于下：“险山巨水浪滔滔，红军路过有尸抛。行客到此莫说话，忠魂祝你志气高。”据带路民兵云，听长辈说，怀念诗是该村小学校长为怀念红军经过这里而写的，是解放后写的，具体时间他也不知道。

到了河边后，过河又是一场惊险的场面。因是冬季枯水季节，河面水宽仅数米，河水不深，但水流喘急。为了过河，当地老乡砍了几棵大树，在河流最窄处架上树干，在大树干上方又支上一个细树干，以便手扶过河，这样过河就比较安全了，这种桥，就地取材，搭建方便，当地老乡都乐于搭建这样的桥。待到春夏季节，洪水来临，河流涨水，临时搭的桥被冲垮，到来年枯水季节从新搭桥。

对当地老乡而言，过这种桥，习以为常，他们有时每天要走好几趟。而我们过河时就难了，带路的民兵一溜烟就过了河。我们两人不敢过。我想试试，但看到“桥”下喘急的流水，想迈步，但脚却迈不开，直发颤。看到我的可怜样，带路的民兵给我鼓气，让我横过身，手抓着上面的细树干，慢慢地一步一步地横着走。于是我像螃蟹一样横着走，他在旁边接应我，终于在高度紧张的状态下过了河。怎么过的河，自己都想不起来了。

住在破茅屋过冬

1992 年初的隆冬季节，我们再次到南昆线现场勘测，住的条件可差多了。这次任务是勘测一个长隧道，该隧道位于崇山峻岭地区，岩溶发育，每天出工都在地面崎岖的岩溶上走，球鞋底磨损的厉害。

我们在隧道出口端附近的小溪边发现一间破茅草房。这茅草房是谁的，干啥用的，并不清楚。从附近有稻田和菜地，推测可能是种地人住的房子，他们可能从春耕到秋收之间住在这里，冬天就撤走。还有一种可能性是伐木者居住的处所。附近山上乱砍滥伐树木十分严重，到处可见被砍伐后留下的新鲜树桩，有的树径才一扎左右，就被砍了，实在令人心痛。他们砍伐后的树，去完枝叶后，沿山坡往下溜到坡脚。只要看到山

坡上有溜道，就知到附近山上的树被砍伐过。砍下的树可能主要是由马车或人力拉车拉走，因为附近看不到汽车走的公路，倒可见到马蹄印和马车的轮胎印。这种砍伐肯定是违法的，但山高皇帝远，鞭长莫及，只能任其砍伐。

破茅草房不管是谁的，也不管干啥用，我们也就临时占用了，如有人来交涉，再把实情相告。

茅草房位于小溪边，用水倒很方便。但房子可不令人满意，地板是架空的，走在上面咯吱咯吱响，离地面约 50 公分，地板之间的缝隙很大，通过它可看到下面的地面——布满垃圾的碎石土地面。茅屋屋顶是茅草铺就，四周用木板条和稻草围成，四面透风，已经破烂不堪。这种茅屋防雨功能较差，短期的小雨还能防住，但长时间的小雨，雨水就会渗透下来，大雨毫无疑问是挡不住的。好在这一带冬天一般不下大雨。

这茅草屋约有 20 多平米，我们 16 人，脚对脚，肩并肩，分成两排，总算住下了，虽然挤了些。

有一天下午，因下小雨，我们提前收工，只能在破茅房内或躺或坐着聊天，倒有轻松的感觉，雨越下越大。谁知晚上入睡后不久，屋顶开始漏水，不是一两处，而是好几处。外面下大雨，里面下小雨。我们赶紧起来用脸盆接水，外面的雨还在淅淅沥沥的下着，并没有停止的意思，我们只能干瞪眼看着雨水有节奏地往盆里滴。不同质的脸盆，加上滴水量不一样，盆中的积水量也不一样，滴水的叮咚响声也就不一样，真有听打击乐的感觉，并不难听。但我们毕竟白天爬山涉水，身疲力尽，最需要的是睡觉，而不是听打击乐，也没有心事听它。

几个脸盆压在棉被上，又怎能睡呢？老天爷看来要和我们打持久战，难道要等一夜不睡。正在无奈之际，有位年轻技术人员冒出一句话，我们干嘛不把汽车上的帆布盖在屋顶上。这一建议真是好极了，得到大家一致赞同。于是，大家到汽车上，把帆布剪成长块状。接着，汽车开到茅草房边，利用汽车爬到茅草房顶，然后把帆布递到房顶，在杂乱的气氛和喊叫声中，折腾了约 1 小时，终于挡住了漏水。这时，一个个都成了落汤鸡，全身湿透，但大家都不在乎，因为能睡个好觉了。

云贵高原的冬天，特别是山区，住在四面透风的茅草屋内，还是寒气逼人。由于白天爬山涉水，身体疲乏，入睡很快，上半夜睡的很香，但到了凌晨，往往被冻醒，尽管我们的被褥很厚。

南昆铁路勘测过清水河时情景，桥下为激流（1991 年）

厨房是帆布帐篷，搭在小溪边。每天天还没亮，我们就被冻醒了，起来后，穿完衣服，拿着洗脸具，到厨房边的小溪，用溪水刷牙、洗脸。溪水冰凉刺骨，但我们习惯了，也不以为然了。刷牙、洗脸、吃早饭，带上馒头、咸菜疙瘩和行军壶。这一系列程序，一环扣一环，很紧张，往往东方现出鱼肚白时，我们就开始出工。

南昆铁路勘测时住的破茅草房，四面透风（1992 年）

晚上回来后稍为轻松些，吃完晚饭，刷牙、洗脸，还可用热水烫烫脚。屋内没桌椅板凳，除铺垫儿外，站的地方都没有，点上蜡烛，脱完衣服就上床。蜡烛吹灭后，开始海阔天空地聊天，无所不聊，有的人很快就入睡了，有的还在聊，谁也不知道最后聊的人是谁，也不知聊的是什么内容。等大家都睡觉了，这时，耗子开始登台表

演，他们大闹天宫，在棉被上跳来跳去，横冲直撞，为所欲为，有时从我们脸上擦脸而过，时不时听到吱吱地叫……

我们整整住了一个月，才完成了艰巨的隧道勘测任务。直到离开，也没人找过我们。

我们依依不舍地告别了曾经相处的破茅草屋，是它为我们完成隧道勘测任务做出默默无闻的贡献，我们永远怀念它，永远不会忘记它。

二、在青藏高原的日子里

在我的勘测生涯中，青藏高原是对我最大的考验，曾两次上青藏高原，遇到的许多困难，这是一般地区所无法相比的。缺氧无力、吃夹生饭、在高原汽车上过夜、“七七”遇险、可可西里无人区的经历，瞬息万变的气候和滚地雷……这一切的一切，实在让我难以忘怀。而高原的一些经历，也一定会引起读者的兴趣的。因此，特意把在青藏高原的一些回忆文章，单独列出。

(一)高原勘测大会战

2006 年 7 月 1 日，青藏铁路格尔木至拉萨段建成通车，人们欢呼雀跃，热烈庆祝，为这巨大成就而高兴。当媒体大量报导全国人民热烈庆贺青藏铁路全线通车，并赞颂筑路英雄的功绩消息时，又有多少人知道施工前，经历半个世纪艰辛的历程和大量惊天动地的感人事迹呢！

其实，在青藏铁路格拉段施工前，国家投入了大量的人力、物力和财力，开展了多次的勘测设计工作和多次选线比较，许多勘测设计人员付出了辛勤劳动，甚至付出了宝贵的生命，这些可歌可泣的动人事迹，却鲜为人知。

为了让大家了解当年勘测工作的艰苦情况，笔者追述了 1975 年的青藏铁路格拉段勘测大会战的情景，当然，追述只能反映该段勘测的一个侧面。

1975 年 5 月初，在祖国的大部分地区，已经春暖花开，嫩红娇绿，生机盎然，而在青藏高原，仍然是天寒地冻，寒气袭人。

令人意想不到的是：在这高寒缺氧，雪盖冰封的茫茫荒原上，竟然出现了成百上千的不速之客——他们是干什么到这里来呢？他们是铁道部第一设计院、铁道部第二设计院等单位组成的勘测队伍，是为了落实“最高指示”而来的。

事情发轫于 1973 年 12 月 9 日，当天，毛泽东主席在北京中南海菊香

书屋会见了来自喜马拉雅山南麓尼泊尔王国的国王比兰德拉。国王希望和中国加强贸易。毛泽东主席当即向这位邻国元首表示，中国将修建青藏铁路，要加强和尼泊尔王国的贸易。

毛主席深知这个愿望在当时是很难付之实施的。

当时是什么情景呢？我国正处于“文化大革命”期间，由于“四人帮”的干扰，在共和国的大地上，派性斗争和极左思潮泛滥，严重干扰了各项工作的进展。毛主席老人家开始意识到，必须拨乱反正，否则，一切工作无法正常进行。

也就是在他的指示下，邓小平复出，经过几个月的整顿，极左思潮和派性斗争得到遏制，经济形势开始好转。于是，曾经“下马”的青藏铁路再次被提上了党中央、国务院的议事日程。青藏铁路勘测就是在这种形势下应运而生。

在下达任务时，上级领导明确指出：“这次青藏铁路格拉段勘测设计工作是毛主席他老人家的愿望。1973 年时，他老人家曾说过：‘修不成铁路，我睡不着觉。’我们要全力以赴，完成好这项政治任务，让毛主席他老人家放心。”

5 月初，春寒料峭，从全国各地调来的勘测队伍，陆续到达格尔木。格尔木海拔 2 700 米，走路快些就气喘。为了适应高原生活，勘测队员们在格尔木停留了约一个星期，进行适应性锻炼，如跑慢步、体操等。接着就陆续离开格尔木，挺进海拔 4 200 米以上的高原多年冻土地区。

高原生活的考验

1 700 余人的庞大勘测队伍散布在荒无人烟的高原，在约 1 100 公里长的地段，展开了气势磅礴的勘测大会战。

从海拔 2 700 米的格尔木到 4 200 米以上的高原，要是一口气上来，生理很难适应，只能梯级上升，逐步向高原过渡。我们先在海拔 3 700 米的纳赤台兵站停留数天，适应缺氧环境后，再上到海拔平均 4 200 米的高原。

在海拔平均高度 4 200 米以上的多年冻土地区是一片茫茫荒原，气候变化多端，暴风、骤雨、雷电、滚地雷、大雪，不期而至；空气稀薄缺氧，雷电频繁，冰冻期长达8个月……最低温度在摄氏零下40度左右，空气含氧量只有平原地区的三分之一至二分之一；人的体力下降50%，机械也只能发挥50%的动能……

上高原前，勘测队员们对高原的气候、人文景观、风俗习惯、交通运输等情况有了大致的了解，事先也知道高原缺氧，呼吸困难……但更多的是对世界屋脊的憧憬和好奇。

青藏高原历来被认为是个充满神秘色彩的天国，辽阔的原野，奔跑的野马，静静的湖面，倒映的雪山……犹如人间瑶池，世外桃源。这只是从影像视觉看到的印象，一旦身历其境时，就会觉得是另一种情景——气候恶劣，高寒缺氧，浑身乏力……

五道梁是上高原后第一个考验的地方。它位于山坳处，空气欠流通，人们呼吸感到困难，在此留宿曾经死过人。当地民谚称："到了昆仑山，两眼泪汪汪；到了五道梁，难见爹和娘；到了风火山，走进鬼门关；到了唐古拉，伸手把天抓。"虽然说的有些夸张，但毕竟还是使人胆战心惊。

勘测队员曾经发生这样一件事，在路过五道梁停车休息时，有一位小伙子从车上跳到地上，当时就晕过去，经随队大夫抢救，才幸免于难。

上高原后，首先领略到的就是呼吸困难，浑身乏力，稍一活动就气喘，像生了一场大病；晚上睡觉辗转难眠，睡到半夜脑子发胀。有的同志说，头痛欲裂，像安了个紧箍圈；有的氧气袋不离身，不断吸氧气……这就是每个人都要过的高原反应关。

其次，是食欲不佳。由于气压低，水在摄氏70度就烧开，煮米饭和面条都煮不熟，即使用高压锅煮，米饭和面条经常煮不熟，吃的经常是夹生的米饭和面条。有时，只得吃备用的压缩饼干，压缩饼干虽然很难咽下，但比吃夹生米饭和面条要强些。

出工时带的午饭是每人两个馒头和一块拳头大的牦牛肉，有时牦牛肉没煮烂，馒头又凉又硬，加之缺氧，毫无食欲，常常以压缩饼干和水充饥……久而久之，体重迅速下降，有的减轻十多公斤。

高原紫外线强，大家都晒的黑黑的，又黑又瘦，头发长长的，真像个瘦猴子了。

有的同志由于不适应高原生活，卧床一星期后，哪儿来的，又回到哪儿去。

历尽艰辛赶任务

5 月初，沿线各勘测队均已安营扎寨完毕，陆续开始出工。

我所在的 20 队的队部是在沱沱河沿兵站的一个大院内。借用了兵站的部分土坯房，自己又搭了几顶棉帐篷。

20 队担任着风火山到唐古拉山口的勘测任务，管辖的线路长度约 200 多公里。这里正处于长江源头部位和多年冻土腹部，是全线最艰苦的地段之一。

勘测队员们不但面临生活不适应的困惑，而且在工作中还遇到种种困难。

每天早出晚归，有时来回走几十公里路，走夜路是经常的事，有时要到深夜才能回来；陷车也是经常性的，我统计了一下，自己在半年的时间里遇到陷车超过 100 次，陷车时间少则几分钟，多则几小时。有次陷车硬是拉不出来，已是深夜，只能在汽车上过夜。

有一次过一条宽 1 公里的大河，因汽车载重无法过河，同志门硬是把一件件物品用肩扛手提运过河；还有一次在山区走夜路，走在陡坡上，山坡上没路，硬是沿坡趴着走了半小时，下面就是急流。

唐古拉山口消融残留之冰椎，右一为本人(1975 年)

在技术工作中也遇到许多前所未有的难题。

中午时间，空气跳动的厉害，经纬仪观测目标时出现晃眼的干扰，影响测量精度，不得不多测几次，取其平均值；在一般地区刺一个控制点(把地面上的控制点位置在像片上刺个点),用 20 分钟左右时间就够了,而在高原地区,由于地物辨别困难,刺一个点要 1～2 小时,甚至更长些。

高原上的冻土地质现象千奇百怪,种类繁多,许多地质技术人员第一次上高原,从未见过冻土不良地质现象,只能边干边学。

在半年的勘测工作中,勘测队员历尽千辛万苦,付出了血汗代价,收集了大量珍贵的第一手资料,测绘了 2 300 km^2的地形、成图 1 200 多幅、填绘了 4 000 km^2遥感地质图……

青海省盐湖留影(1976 年)

任务是完成了,但付出的代价太大了,人瘦了,皮脱了,脸黑了,两颊出现了高原上特有的高原红……我们所遇到的困难是常人所难以想象的。

勘测队员可歌可泣的动人事迹,难以数计。其中以 7 月 7 日陷车遇险最为惊心动魄,这些动人的事迹将在下面进行介绍。

(二)"七七"遇险记

为了勘测线路东方案的沱沱河桥位，勘测队临时组成一个大组。1975 年 7 月 7 日，开始了东方案的第一天出工。

由于前几天连续下雨，道路泥泞，路滑，陷车的机遇大大增加。为了防范于未然，出工前，我们做了大量的准备工作，其中包括陷车抢险所需的物品——木板、压包、铁锹、千斤顶、绳子等等。为了减少路滑和陷车，还在车轮上套了防滑铁链。

当天，碧空万里，擦的锃亮的解放牌汽车，载着 20 名勘测队员，离开住地，向沱沱河下游方向出发。

沱沱河是长江上游通天河的一个支流——长江的正宗源流。

车子在坑坑洼洼的道路上缓慢地，颠簸着往前挪动，走了约 20 余公里，到达东方案的沱沱河桥位，整整走了 5 个多小时。我们计划当天要把沱沱河桥的勘测资料收集完毕。

工作刚开始没多久，霎时间，老天爷变了脸，狂飙大作，雷雨交加。倏然一声巨响，滚地雷像火球一样擦地而过……勘测队员猝不及防，被这种突如其来的现象惊呆了——高原天气就是这样瞬息万变。

陷车和拉车

李组长决定开车往回走。大约走了 2～3 公里，令人当心的事发生了——汽车陷入季节性融冻层中。一个星期前，路面还是硬邦邦的，现在软的像巧克力一样。

什么是季节性融冻层呢?

地面下温度保持在摄氏零下以下的土壤或土层称为冻土。高原上的多年冻土和东北地区的冻土不一样，它是常年冻着，所以称为多年冻土。多年冻土层，分为季节性融冻层和多年冻土两层，季节性融冻层是活动层，厚度约 1.5～3.0 米左右，每年春夏之交开始融化，到了秋冬又恢复冻结状态。季节性融冻层对工程和人类活动会带来极大的危害，也正是季节性融冻层成为汽车陷车的元凶；多年冻土层，冻结持续多年，甚至可达数万年的土层。

组长说："我们和队部无法联系，只能靠我们大家齐心协力把车拉出来，争取顺利脱险，如果车拉不出来，只能徒步往回走。"说完，带头挥锹挖土。

在组长带动下，年轻力壮的小伙子也开始行动起来。

汽车司机老刘，是位有经验的老司机，尤其是在高原经历过多次陷车的考验，对抢救陷车颇有经验，这次抢险，指挥非他莫属。他用千斤顶熟练地把轮子顶起，地面的冻土软的像橡皮一样，千斤顶吃不上力，只好在千斤顶下面垫上木板。当他用千斤顶顶高车轮的同时，挖土的人同时用铁锹挖车轮外侧的冻土。但在挖车轮内侧的冻土时，脚无法踩铁锹，进展缓慢。

高原缺氧，平时呼吸都感困难，何况还要在车厢下低头作业，根本无法用劲。每次插入铁锹都要消耗很大体力，而铁锹带出的土却少得可怜。更要命的是：轮子下的土挖出后，旁边的土又挤压回来。这样来回地挖了不知多少次，都成了虚功。

几个年轻力壮的小伙子集中力量，轮流挖轮子内侧的冻土，终于腾出了空间，紧跟着往轮子下面垫压包和木板。司机发动汽车开足马力往前冲，其余同志前拉后推，试了几次，无济于事。司机改为往后倒车，大家在车头同时往后推，依然岿然不动。这么来回折腾了几个小时，不但没把车拉出来，反而越陷越深。

刺骨的风不停地刮着，雨雪交替飘落，一个个都成了雪人。大家精疲力竭，饥肠辘辘，心情更加沉闷。从下午 3 点多忙到 6 点多，一筹莫展。

藏族同胞帮忙拉车

时间渐近傍晚，老刘司机建议，能否到附近找放牧的藏民给我们送个信。这一建议博得大家的赞同。于是李组长和另外 3 人(其中一人是我)一起，向北面不远处的藏民帐篷走去。约走了 30 分钟，到达藏民居住的穹庐前。看到陌生人，牛圈里拴着的藏獒狂叫起来，吓了我们一跳。

牧民们很会选择搭帐篷的地方，他们把穹庐搭在地表干燥，略有坡度

的冲积扇上。前方不远处，是一片地表湿润的冲积平原，牧草茂盛，是放牧的理想地方，远处是连绵起伏、白雪皑皑的唐古拉山余脉。

牧民们远离尘嚣，摒弃世俗烦恼，同草原相伴，与雪山为伍，和湖水共眠，过着世外桃源般的清净生活……这情景是在城市生活的人们所享受不到，也体会不到的。

我们四人低头进了帐门，环视四周，见到帐篷内约有8～9个藏民，都是20来岁的小伙子，有的躺着，有的坐着，有的在交头接耳叽里咕噜地不知说些什么。地下铺满毡垫，无任何床上用品。

我们举手和藏民们打了招呼，藏民们只是瞪着眼睛，没回应。

帐篷是圆形穹隆顶的毡房，用毡子蒙在木构架上，大小约10余平方米。小姜好奇地问他们，你们总共有多少人。他们说，有13人。问他们怎么能够睡得下，答复是："沿着帐篷边坐着睡吗，有时也挤一挤，躺着睡吗。"

帐篷外，有两个约莫30出头的藏民，穿着手工制作的、传统的牧民羊皮藏袍，头戴羊皮帽，脚穿长筒毡靴，手执赶牛鞭，很是神气，看起来像是头头。

我们来到他俩跟前，闻到一股奶腥味。老李开口说："我们是勘测队的，是来修铁路的。"他们并不理会，也不知道听懂没听懂。他又把陷车的情况说了一遍，他们还是摇摇头。

老李又说："是毛主席、共产党派我们来给你们修青藏铁路的，修到拉萨去。"他们似乎有些懂了。老李接着又说："我们的汽车陷在泥土中，拉不出来，请你们派人骑马到沱沱河沿给我们勘测队队部送个信。"一个藏民表态说："天黑了，马不好过河……"

正当，我们万分焦急之际见两位年轻藏民赶着成群的牦牛陆续回到了牛圈。其中有一位藏民用"抛儿"扔石头赶牛。抛儿是用牛毛绳编的，兜上石子儿，抡着"抛儿"，可以把石子儿抛到上百米远，这是放牧藏民都会的基本功。据说，水平高的百发百中。

我们临机一动，便问这两位藏民，能否用牦牛给我们拉一下汽车。

藏民答应了，但说没绳子。

老李说，没绳子也可以。

夜色徐徐而来，两个年轻牧民赶了五匹牦牛和勘测队员一起往陷车处走，走了没多久，一匹牦牛拔腿往回跑。

陷车处的同志们正在翘首以待，等待我们的归来。当看到我们和藏民带来了四匹牦牛时，高兴若狂。当勘测队员给藏民一条绳子准备拉车时，藏民看到车陷的太深了，直摇头，嘴里不知嘀咕着什么，表示拉不出来，还以藏民特有的腔调，用非标准的汉语说："如果能拉得出来，我们会帮忙的。"

拉了一阵，车还是拉不出来，只得决定步行回到沱沱河沿队部。临走前，我们还想用牧民的牦牛把生病的老邱送回队部。

"病人坐在牦牛背上会摔下来的。"一位藏民说。

一切办法都无望了。

藏民虽然没把陷车拉出来，但毕竟来了四匹牦牛，不能让人家白跑一趟呀！藏民嗜烟酒如命，正好老李还有两包飞马牌香烟——凭票供应的。他犹豫一下，把香烟递给了藏民，作为酬报。两位藏民拿到香烟后，如获至宝，非常开心，脸部露出了笑容。

牧民们虽然生活条件艰苦，其实他们还是很富裕的，并不缺钱，有的还戴着高级的瑞士手表。他们嗜好烟酒，钱有的是，就是买不到烟酒，这两包飞马牌香烟足够让他们高兴一阵子。

沼泽地上走通宵

夜幕降临，勘测队员们决定往队部走，但老刘司机不想走，想留下来看管汽车。他的想法实在是匪夷所思。一个人怎能单独留下来呢，立即遭到大家的反对。高原的夜晚寒气刺骨，一夜下来，非冻死不可，即使不冻死，也要饿死。遇到狼又怎么办。经过大家劝说后，他才同意和大家一起走。他把汽车一些主要零件卸下来包装好后放在司机台上，锁上了车门。

从出工开始，邱工程师一直坐在司机助手的位置上，手按着胃部，皱着眉头，还呕吐，时不时哼几声。看来他是走不动了。怎么办？只有抬

着走。

还好，外业进行控制测量时备有若干 4 米多长的竹竿和铁丝等用品，汽车备有帆布。我们用铁丝把竹竿和帆布扎成一个简易的担架床。其余的竹竿子用斧头砍断，用来做拐杖用。

晚 8 点多，我们开始向沱沱河沿队部方向跋涉。面临着的是前途未卜的茫茫黑夜……

夜幕渐渐浓起来，笼罩着高原大地，飞雪绵绵，路在何方？真有“日暮乡关何处是，烟波江上使人愁”之感。

夜幕下，看不见路，也辨不清方向，该往哪个方向走，争论了好久仍然定不下来。这时胡工程师说，别争论了，他不慌不忙地从背包里拿出航空像片（简称航片）——航片是去年年底刚刚航拍的。他拿着航片对大伙说，我们有航片为什么不利用它呢？从像片上不但可以知道我们所在的位置，该往哪个方向走，而且还可了解地表的地貌、地质情况……

有一位同志用手电筒照亮像片。胡工程师用右手食指指着航片上的影像，对围观的同志说：“我们是在这个地方，位于冻土沼泽化湿地地区。接着，他又指着沱沱河说，沱沱河离我们还很远，我们在沱沱河的南侧，要尽量靠近沱沱河走，到了河边，沿河向上游走大约 18 公里左右的沼泽化湿地，然后就进入沱沱河一级阶地，到了阶地地区，距队部就很近了。”他继续说：“冻土沼泽化湿地主要是由软土和淤泥组成，地表长有草皮，低洼处含有大量水分，人在这种地区行走很困难……一级阶地就不一样了，地表为薄土层，下面是沙石层，土质坚硬，透水性好，汽车走在上面不会陷车。”

胡工程师是学地质的，看了胡工程师手中的航片以及他所介绍的有关沼泽化湿地和阶地情况后，大家如醍醐灌顶，茅塞顿开，不但知道自己所处的位置，对面临的困难也有了思想准备。

担架开始是由四个身强力壮小伙子抬着走——他们走的很快。年纪大的同志赶不上，落在后面。但没多久，小伙子们的步伐开始放慢，意味着他们的体力开始下降。

人毕竟不是机器，体力有限，何况是在高原。有人提出，只靠四个人抬不行，应由大家轮流抬。根据大家意见，组长决定，组成四个小组，每组四人，轮流抬担架。

阴森的寒夜，四周寂静漆黑的令人害怕，遇险的勘测队员徐徐地向前迈步。飞雪转为细雨，细雨绵绵，淅淅沥沥地下个不停。

遇险同志在沼泽地上踩着超过脚面的积水，深一步，浅一脚地往前走，走得很吃力。沼泽地是沱沱河的河漫滩，微微倾向沱沱河，在低洼处，地表充满着水，生长着水草。

有人开始用起自制的竹拐杖了。

天无绝人之路，我们发现了一条模糊不清的汽车道，这条汽车道是通向沱沱河沿的。我们往汽车道上走，走了好久也无法证明已靠近沱沱河。直到听到哗啦啦的流水声，才知道到了沱沱河边，大家也就放心了。汽车道也开始转向，向沱沱河上游方向延伸。沱沱河的流水声给静谧的高原黑夜带来了生机，流水声好像在悄悄地告诉我们，要坚持下去，我们将会陪伴你们走出困境。

有人脚底开始磨出泡，每走一步都像针刺一样，跄踉地往前走。

细雨又转为飞雪，雨雪霏霏，寒气袭人，绒毛般的雪花仿佛要把大地严严实实地覆盖住。我们步履蹒跚地往前走，寒风裹挟着雪花像鞭子一样抽打在我们脸上。置身于沼泽和水草中的遇险者，下半身全都湿透了。

多么盼望哨声响啊，此时的哨声最令人高兴，听到它，大家就可以休息。休息是选在高处，就是勘测队员称的“龟背地”。高处地面虽湿，但无积水，大家可以躺在地下休息。

每当老李吹哨子，并喊出“休息”两个字，大家都迫不及待地放下担架，往地下躺，迷迷糊糊地躺在地下，有的躺下后就呼呼大睡。有一次一位同志在队伍出发时还在睡，幸好及时被发现。这次以后，我们开始警惕，每次休息完，开始出发前，大组长大声喊：“开始走了”，并要求各小组组长点清本组人数，确认人数无误后，才开始出发。

勘测队员的体力明显下降。起初，抬担架的人，肩上的担架还协调地上下晃动，晃动的声音也有节奏，后来，就失去协调，失去均衡。随着大家体力的不支，抬担架的人七扭八歪，担架开始左右摆动，脚也站不稳了；抬

的时间也从5～6分钟换一次改为3～4分钟换一次，2～3分钟换一次。

遇险者从下午开始，粒米未进，滴水未沾。在高原缺氧的情况下，开始出现虚脱现象，出冷汗、脸色苍白等症状。

有的同志轮到他抬时，还落在后面一段距离，张口直喊，我……来了……我……来了，上气接不了下气，生怕别人替自己抬。

大家预感到正在往一个深不可测的黑洞中前行。

李工程师，是遇难者中两个年纪最大中的一个，摇摇晃晃走在最后，差点晕倒，身边的同志及时把他扶住，有位同志肩膀被磨破，血渗出来，仍坚持抬担架……

虽然大家都很累，但一想到自己是为了实现毛主席老人家的愿望，是为了早日修通青藏铁路，才来到这里的，再苦再累也要坚持住。

救援遇险者

遇险同志无法与队部取得联系，队部和外界联系也只是靠手摇发报机，连电话都没有。那时要有手机该多好呀！

沱沱河沿队部的领导心急如焚，到了晚上10点左右，还没见到勘测队员们的踪影。他们估摸十有八九是出了事。队部领导忙着与当地有关单位联系派车抢救遇险人员，同时向铁一院二总队发了电报，报告遇险消息。

午夜前后，遇险同志走了3个多小时了，遽然发现正前方有汽车的前照灯灯光，一束灯光晃动着向我们靠近，我们打开手电筒向对方晃动了几下，对方汽车的前照灯灯光也一暗一亮地给以回应。正当大家高兴时，不久，灯光消失了。老刘司机说，根据他在高原行车的经验，估计是汽车遇到小沟时，为了寻找有利的过河地段，调头时陷车了，以致灯光不再朝向我们。

我们继续困难地往前走。俄而，再次见到前方的灯光，仔细一看，才发现这次不是汽车前照灯的灯光，而是手电筒的灯光。原来是救援的同志乘坐的吉普车陷车后，他们弃车步行来的。救援的同志距我们已经很近了，我们也打开手电筒和对方打了招呼，彼此讲话声音都听得见。相见后，紧紧握手，相互拥抱，原来是 20 队的高队长他们乘北京牌小吉普车来救援我们的，相见后，紧紧握手，相互拥抱，。

这回可是真的高兴了，大家欢喜若狂。有位同志不禁喊了起来：毛主席万岁！还有一位同志喊，救命了，快送馒头和水来！

随后，救援的同志，搀扶着遇险同志到不远的小吉普车处休息。

这时，第一急需就是想喝水，喉咙干渴的像要冒火一样。开水只带两个暖瓶，先喝的人每人喝 2～3 口，后面的同志只喝上一口，还有没喝上的。到吃馒头时，开水已经喝光了，北方人还能勉强吃下几口馒头；南方人一口馒头要嚼十几分钟才能吞下去。

病号老邱从担架上抬到小吉普车里躺着。陷车处距沱沱河沿队部约 15 公里。此时，已是下半夜 2 点了。

高队长看到大伙都很累，说："你们先休息一下，等我们把车拉出来后，体弱的同志先乘小吉普车回队部。"

除少数几个人在忙着挖土、拉车外，其他人都在周围观看。其实他们也很想帮忙，但心有余而力不足。况且人多了互相干扰，反而帮不了忙。这些人只能以崇敬的心情看着他们忙来忙去。

凡到过高原的人都知道，高原的寒夜，人们不能长期站着不动，寒气的侵袭会使你冷的浑身发抖，手脚发凉，直至麻木。未参加救援的同志，不得不在原地跳动或跑慢步来驱寒。

高队长棉衣全湿透了；李组长保持着工人阶级的优秀品质，处处带头，表现了共产党员的优秀品质；老曹老当益壮，任劳任怨，不愧是铁路系统劳动模范……

两个小时过去了，车仍然拉不出来，越陷越深。眼看陷车已无望拉出，大多数人认为不要再拉了，还是走吧！还有约 15 公里路等待着我们，意味着新考验的来临。

经领导研究决定：老病的同志留下，其余同志继续往前走。

小姜晕倒，雪上添霜

离开小吉普车时，已经凌晨 4 点多钟了。年轻力壮的同志走在最前

面，年纪偏大和体力较弱者落在后面。走了约五六百米，见一条小河横卧在前，宽约十余米，平时水流不大，由于连续降雨，河水猛涨。天黑，看不清河流的流速和深度。

走在前面的同志已经陆续下河，水深没胸，冰凉的河水冷的刺骨。河底是泥沙，人走有上面有柔软挤脚的感觉。河岸较陡，有的同志爬不上岸，先上岸的同志帮着拉上岸。

上岸后，冷的直发抖。根据体力情况，又重新分了小组。有一组体质较弱，始终走在最后面。走了约数百米，小姜同志突然晕倒了。他是遇险同志中最年轻的一个，年方 20 岁，是来自山东的小伙子，去年刚从铁路中专毕业分配到铁二院工作的。他个子并不高，不像一般山东人那样高大魁梧，脸略长，深凹的眼睛，偏瘦，黑黑的，冷不丁一看，倒像是印度人或巴基斯坦人。

开始时，小姜走在最前面，后来越走越慢，直至落在最后。高队长看到小姜体力不支，想替他背挎包，小姜不让，说里面装的是小斧头，不重，说完，又继续往前走。没多久，高队长再度把小姜的挎包抢过来，就在这一霎那，小姜往左前方倒下。遇到这情景，大家都发愣了，因为发生的太突然了，情况十分危急，周围的同志立即把他扶起来。

同志们把小姜扶起来后，让他躺着，稍稍把头抬高。他处于昏迷状态，胸部剧烈跳动，鼻孔有微弱的气息，手冰冷，翻白眼，口吐白沫……

遇险者中有一位同志曾经学过人工呼吸抢救知识，他给小姜做人工呼吸。小姜不断用双手抓自己的胸脯，这是典型的缺氧难受所致。同志们把小姜的衣服扣子解开，他还是不断地抓他的胸脯。后来，给他喝一口唯一剩下的带泥浆的温开水，是一位同志保温瓶内残留的开水。喝完水，继续做人工呼吸，霎时间，他的眼皮开始眨了一下，嘴也开始动了，大家的心情也从焦虑转为欣慰。

小姜虽然已经苏醒，但走路仍然有困难，需要别人搀着走。

高队长出于救人心切，提出组织一个先遣组(包括他在内)，快速步行到队部，以便队部派车来接应遇险人员。他的建议提出后，老曹、李组长等 5 位体质较好的同志和高队长一起共 6 人，组成先遣小组，快速向沱沱河沿队部挺进。先遣组的同志个个都是好样的，其中年纪最大的一个是老曹，已是不惑之年。

老曹老家是北京农村的，个子不高，留着寸头，脸部始终严肃，不苟言笑，才30多岁头发就已花白。在单位，他是出了名的先进人物，年年被评为先进工作者和优秀共产党员，还是铁路系统劳动模范。他总是默默无闻地工作，对工作一丝不苟，是个拼命三郎式人物，处处起模范带头作用……这次也不负众望，一马当先，加入了先遣组，是个令人钦佩的普普通通人物。

除先遣组外，其余9个人轮流扶着小姜走。这9人大都是泥菩萨过河——自身难保。

慢慢地小姜可以自己行动了，但走起路来仍然很吃力．硬是支撑着走。他开始感到嘴渴，想喝水，但大家一点水都没有了。就在这时，东方露出了鱼肚白，借着微弱的晨曦，一股光线投到我们的眼前，老勘测队员老孔意识到是水的反光，循着光走去，果然是个小水塘。他喜出望外，用行军壶去灌水，但他全身冻僵，下半身麻木，无法弯腰，只好提着行军壶的带子把壶抛向水中，灌满水后把壶提上来。

小姜喝了水塘的水后，感到舒服多了。

在平原地区，七月正是流金烁石，而高原的气温却在摄氏零度上下，水是冰凉的。勘测队员们都渴的难以忍受，嗓子干涩的像是要黏住一样，心想，只要有水就行，管他是什么水。我们狂饮了几口，凉水从口中滑溜到胃里，凉冰冰地，虽然凉了些，但这种感觉比夏天吃冰淇淋或冰冻的饮料都带劲，因为满足了生理的急需。

遇险者继续艰难地往前挪动身子，全身湿透，沾满了泥水，下肢僵硬并慢慢失去知觉，步履维艰，体质极为虚弱；脑袋昏沉，思维迟钝，意识变得模糊不清，只能听天由命……

由于精神恍惚，已经不知自己是否还活在人世间或是在梦中。我们浑身不舒服，像散了架一样难受，但又不知道难受在何处，影影绰绰的感到又冷、又饿、又渴、又累、又困。我们不敢停下来，一旦停下来，全身就会冷的发抖；更不敢坐在地下休息，坐下来后，恐怕就再起不来了。事实上我们想坐下来休息也坐不了，因为腰酸疼的无法弯腰席地而坐。

小姜三番五次要求坐下来休息，都被拒绝了，只让他站着休息。

扶小姜走的人，倒不如说是互为依托往前走。情况越来越严峻，9 人中有 3 人落在后面几十米，都是扶着拐仗一瘸一拐往前走。实际上只剩下 6 人轮流扶小姜了。李工程师是遇险中年纪最大的一个，他平时爱说笑，现在一个人孤零零落在后面。

在这最艰难的时刻，大伙儿牢牢记住毛主席要把铁路修到尼泊尔的指示，决不辜负毛主席老人家的期望。同志们再次想到毛主席在《为人民服务》一文中的语录："我们都是来自五湖四海，为了一个共同的革命目标走到一起来了……我们的同志在困难的时候要想到成绩，要想到光明"的教导。在毛主席语录鼓舞下，勘测队员们又振作起精神。

老林和老朱的对话

老林和老朱并肩而行，他们分别来自铁一院和铁二院。老朱是遇险人员中两个年纪最大之一。老林对老朱说："我在勘测队工作、生活十年了，还从来没碰到过这么艰苦的情况。"他喘气有些困难，停了一会接着说："您比我大了将近十岁，在勘测队工作、生活了二十多年，遇过这么艰苦的情况吗？"

老朱已过不惑之年，他经历过长期勘测生活的艰苦锻炼，性格开朗乐观，此时也累的不想说话了。老林这一问，倒引起了他的话题，他深情地回忆说："自己大学毕业后，服从国家分配到勘测队工作已经二十多年了，踏遍神州大地，爬山涉水，风餐露宿，所受的苦和经历的艰难，数都数不清了。

他的嗓子已经沙哑，最后对老林说："冷、饿、渴、累、困，我都承受过，但像这次这样五种感觉同时集中反映在一个人身上的情况，还从来未遇见过……"

在老朱和老林对话的当儿，云彩已经变成色彩斑斓的早霞，一缕阳光投射到地面，沉睡的高原大地仍然凝固着……

经历过雪花纷飞的漫漫黑夜后，目睹绚丽的朝霞，真有"落霞与孤鹜

齐飞，秋水共长天一色”的感觉——尽管不是秋天，不是傍晚，也没有孤鹜。其实，即使有“落霞与孤鹜齐飞，秋水共长天一色”的景色，我们也没心情去欣赏。我们气若游丝，意识、神经和每一个细胞似乎都失去知觉，对周围的一切毫无反应，再美妙的景色，也无感觉了。

一方遇险，多方支援

当勘测队员在高原黑夜中陷于困境时，铁道部、总后勤部、兰州军区、青海省军区和当地政府等部门紧锣密鼓地展开了一场抢救遇险勘测队员的联合行动。

沱沱河沿的20队队部在派汽车前往工地抢救遇险同志的同时，向格尔木铁道部第一设计院（简称铁一院）第二勘测总队发了求救电报。二总队立即向铁一院机关发了电报。勘测队员遇险牵动了铁一院的领导和职工，铁一院各级党政机构分别发来了慰问电。院党委得知20分队部分同志遇险受困后，发来两次特急慰问电报。

铁一院把遇险的情况向铁道部领导作了汇报，部领导十分关心，立即向铁一院领导发了慰问电，慰问遇险同志，并立即向解放军总后勤部联系协助救援事宜。

铁道部办公厅同志根据铁一院提供的资料，告诉解放军总后勤部，遇险同志的大致位置是：东经92°.40′；北纬34°.02′。

军队作风历来雷厉风行，总后勤部在下达兰州军区派飞机抢救遇险同志的同时，还下令格尔木兵站总部，要求全力以赴营救勘测队遇险同志。兵站总部也立即下达沱沱河沿兵站三条指示：

1. 要全力以赴抢救铁一院20队遇险同志；
2. 将病人火速送往格尔木解放军22医院抢救；
3. 随时报告营救情况及存在的问题。

沱沱河沿兵站跟据上级的指示精神，数次到20队询问遇险同志营救情况，并表示将尽力协助营救遇险同志；青海省、青海省军区、青海省水文队、沱沱河沿当地政府也尽全力参加抢险。

坚持到底，终于脱险

勘测队员艰难地度过了10个小时，仅仅走了约15公里，离沱沱河沿队部大致还有9公里的路程。遇险同志像盼星星、盼月亮那样盼望着救援人员来营救他们。

遇险者和沼泽地搏斗了整整一夜，飘舞的雪花渐次变小，阴沉的寒夜被抛在后面，天空开始放亮了。

高原上，经常可以看到成群结队的藏羚羊飞快奔跑，有时也三三两两站在一起，惶恐地四处张望。它们是高原上的弱者，随时都有失去生命的可能，它们常常是强者猎食的对象，公路上常可见到它们的尸骨……

由于盼望营救心情迫切，我们好几次把远处奔跑的藏羚羊当成汽车，一次次的希望，又一次次的失望。

雪后的大地披上了银装，空气清新，沁人心脾……

行进中，有一位同志蓦地喊了一声，前面看到帐篷了。

大家顺着他指的方向望去，果真的看到了一个个白色的帐篷了。不过，到队部还有7～8公里路，按遇险人员当时的走路速度，至少还要走5～6小时。

小姜已经走不动了，几乎是别人边搀扶着他，边推着他走。同志们不断地说些鼓励的话：快到了！再坚持一会儿。还给他念毛主席语录："下定决心，不怕牺牲，排除万难，去争取胜利。"就这样又走了1个多小时。

上午10点许，发现前面路旁边有苏式嘎斯卡车、美式小吉普车和拖拉机各一辆陷在泥土中。再往前看到一辆十轮大卡车和一辆解放牌汽车停在车道上，说明我们进入到沱沱河一级阶地。一级阶地意味着什么呢，它意味着地质较好，土质坚硬，汽车行走在上面不至于下陷。这是胡工程师说的，大家记忆犹新。

到达十轮大卡车和解放牌汽车处。大家不约而同地高呼：毛主席万岁！中国共产党万岁！随车来的同志们和我们一一握手，亲切慰问我们，递给我们开水和馒头，此时此刻遇险人员热泪盈眶……

十轮大卡车和解放牌汽车分别由沱沱河兵站和青海省水文队派的。

来营救的同志立即把小姜扶到解放牌车上休息。其他遇险者也陆续上车，上车后首要的事就是喝水，水喝够了，才吃馒头，喝够吃足后，神志清醒了。

解放牌汽车开始往沱沱河沿方向开，沿途有几位先遣组的同志上车。

在解放牌汽车送遇险同志回沱沱河沿的同时，十轮大卡车开向北京牌小吉普车陷车处，去抢救车上的5位遇险同志。

解放牌汽车在回沱沱河沿的路上，经过一段充水的洼地，气车开始打滑，大家下车推车。司机是四川人，开车猛的很。我最后下车，正要推车时，车已向前冲出2～3米，我扑个空，趴在地上，司机不知道我扑空倒地，汽车没响喇叭，紧接着又往后退。还好，在这千钧一发之际，我还很清醒，急速地向左侧滚动，几乎是同一时间，汽车从我身边往后压过去。

看到这一惊险场面，周围同志为我捏了一把汗。我自己也后怕。上帝保佑！差一点魂归西天了。

当我们乘车回到沱沱河沿队部时，已接近中午时分了。

除北京牌吉普车上的5位同志外，其余遇险的同志均已回到了队部。

队部的同志们为遇险同志打热水，伙房大师付为们送来了热姜糖水。我们喝了姜糖水，檫了身，穿上干净衣服后，洗完脚，上床就呼呼大睡。睡的很死、很香。大约睡了两个小时，被喊醒，大夫为我们打了预防针——安基比林。

在吉普车上的5位同志中，除陈队长和司机体质较好外，其余1位是病号，还有2位是年老体弱。据陈队长事后说；"他们坐在吉普车里面过夜，也很不好受，冻的浑身直发抖，牙齿直打颤，要经常在车外跳动或慢跑。特别是病号邱工程师，已经不省人事，脉搏微弱，危在旦夕。同志们把带来的皮大衣盖在他的身上。"

5位遇险同志拉回到队部时，已经傍晚。至此，所有遇险同志均安全脱险。20队队部立即向二总队以及院领导打电报告，告知遇险同志已全部脱险。

8号晚上，队领导传达了部领导以及院领导的祝贺信。兰州军区正

准备起飞飞机，听到铁道部传来的好消息，停止了救援行动。

次日，解放牌汽车奉命去抢救陷入在沼泽化湿地边缘的苏式嘎斯车、美式小吉普车以及拖拉机等，没想到解放牌汽车把小吉普车拉出来后，却泥菩萨过河自身难保——陷车抛锚了，与嘎斯车、拖拉机同病相怜。

遇险的勘测队员脱险了，但陷入冻土中的汽车和拖拉机还未拉出。在这次抢救过程中，总共出动 5 辆大小汽车和一辆拖拉机。除兵站的十轮大卡车外，其余四辆大小汽车和一辆拖拉机都陷入冻土中。

虽然雨雪停了，但天空还笼罩着阴云，道路仍泥泞，陷车一时无法拉出。

接下来的几天，出现了风卷残云，碧空如洗的天气，炎热的考晒，地面很快干硬，汽车可以安全行走了。兵站总部从格尔木派来了 75 马力的履带式拖拉机，将所有陷入而还未拉出的汽车和拖拉机全部拉出。

争分夺秒抢救邱工程师

在当人们紧张地营救遇险人员和陷车的同时，抢救邱工程师的生命，也在争分夺秒地进行着。

老邱回到沱沱河沿后，立即住进沱沱河沿兵站医院，这是方圆 100 多公里范围内唯一的一家医院。经住院检查确认是胃穿孔。

当晚，医院主治大夫李医生根据老邱病情，决定要进行手术治疗，并提出要大家献血。20 队的同志们踊跃报名，最后，队部决定 10 位同志到医院抽血检查。这 10 位同志绝大部分是 20 队从格尔木地区招来的临时工，体质较为强壮。试验结果，有 5 人为 O 型，每人抽 100 毫升，总共只抽 500 毫升，与需要相差甚远。

在平原地区每人每次抽血量可以达到 200 毫升，但在高原地区每人每次只能抽 100 毫升。据说，当地的藏民每人每次也只能抽 150 毫升。

二总队党委得知病人动手术缺少药品和血浆消息后，立即与青海省政府联系，请求援助。经省政府联系，决定由青海省军区提供药品和血浆。由青海省军区司令员批准，从西宁拨了 2 000 毫升干冷血浆，火速送到格尔木，接着又昼夜兼程送到沱沱河沿兵站医院。

由于血浆中缺乏红血球，使用效果不好——只能起到营养作用，不能增加抵抗力。队部又组织十几个人到医院抽血检查，结果只有 4 人是 O 型的。沱沱河沿镇政府也组织数人献血，加上医院大夫们的献血，前后共献血 1 500 毫升，暂时满足了需求。

格尔木二总队也召开了格尔木地区职工大会，号召同志们献血……

按规定，献血者每人补助 30 元营养费，有些人认为既然是自动献血，还给什么钱，把钱退回。无可奈何，只能由队领导代领后买了营养品给献血者进补。

兵站医院组织最强的医务人员，成立了专门的手术组，手术进行的十分顺利。术后护士日夜监视护理，病情比较稳定，但伤口有些感染。小医院条件毕竟有限，经请示兵站总部，决定将病人转移到格尔木解放军 22 医院继续疗治。

为了防止车上的震动，硬是由四个小伙子轮流，手抬担架，日夜兼程，从而保证了病人迅速安全地转移到解放军 22 医院。。

半个月后，邱同志手捧鲜花，脸带笑容，向医务人员挥手道别……

补　白

“七七”高原遇险后的第七个年头，即 1982 年的冬天，姜宗关，这位年仅 27 岁的山东小伙子，因心肌梗塞发作，一颗年轻心脏停止了跳动。他的灵魂飞向西天，永远离开了他的亲人、同事以及曾经和他一起遇险的难友门！

笔者是在他病逝若干年后才得知这不幸的消息。安息吧！小姜同志。

岁月无情，屈指 40 余年，遇险勘测队员中，最大的年纪已到耄耋之年，最小的也已过古稀之年。据笔者所知，有的已经作古。健在的，由于年事已高，不是双鬓斑白，就是秃顶，都有这样或那样的病痛。有的犯老年骨性关节炎或腰椎疼痛，有的患糖尿病，更多的是心脑血管病……遇险中的病号——邱工程师，动手术后，据说身体一直不错。

他们大部分过着幸福的晚年生活。当和他们提起当年遇险的情景

时，心中都充满着无限的感慨和深情的回忆……

今天看起来，当时这些人是太可爱了，太单纯了，他们的心灵就像青藏高原的雪山一样洁白、湖水一样清澈，毫无污染……再看看现如今的社会，太纷杂了，私欲横流、缺乏诚信，不讲道德……

今天的社会是进步了，值得高兴。但在物质进步的同时，思想道德是否也进步了呢？是否还缺点什么呢！值得我们深思，再深思……

(三)可可西里无人区的经历

可可西里蒙语意为"美丽的少女",多么动听的名称,可可西里无人区以它的神秘吸引着众多游客。

可可西里无人区,是一片荒凉而单调的景观,映入眼帘的是无边的草原,湛蓝的天空,皑皑的雪山,静静的湖光……构成高原独特的神秘色彩。有太多的人向往着这地区,企图揭开它的神秘面纱。

可可西里无人区,空气透明度很高,一切看起来都很清晰,这里的美是一种粗犷的美,这里的景色已经远远超出了许多人以往的审美经验。

可可西里无人区,生存条件很恶劣,这里空气中的含氧量很低,气候恶劣,变化反复无常,

可可西里无人区,是长江的主要源区之一。是世界第三大无人区,中国最大的一片无人区,也是最后一块保留着原始状态的自然之地。受人类活动干扰较少,是野生动物的天堂。

有资料显示,可可西里目前是中国动物资源比较丰富的地区之一,拥有的野生动物多达 230 多种,其中属国家重点保护的一、二类野生动物就有 20 余种。

“无人区”可以说是一个巨大的天然野生动物园。这里的草原很宽广,只是青草生长期短,更多的还是大片的戈壁。

当汽车在大片的戈壁上自由自在奔驰的时候,常常可以看到成群的野马和羚羊群,其他如鹿、藏野驴、野牦牛、白唇鹿,甚至狼、熊等等也常常出现在视野里,然后消失在远方……

从漫木滩到风火山

1975 年 7 月底,高原上仍有些寒意,我们的勘测队伍从沱沱河沿队部出发,往北到距沱沱河沿约 50 余公里的漫木滩,我们将在这里一路往北工作到风火山南坡——这一带属于可可西里无人区。线路长度约 40 公里,工作时间预计一个半月。

漫木滩靠近青藏公路 85 道班,属于半固定沙丘地区,低洼处有积水,

生长水草，是野兔、藏羚羊、野驴、狼等动物经常关顾的地方，它们需要喝水或吃草。这种地方，地表起伏不平，洼地有水，是狼栖息的好地方，可以见到不少狼窝。经常看到在狼窝附近有藏羚羊的尸骨和毛皮……

驻地旁有一条小河，用水倒很方便。我们在一级阶地面上搭了两顶棉帐篷，七顶六角形的小帆布帐篷。

出几天工后，由于缺煤，烧水和煮饭都是用汽油，用气化炉和喷灯烧，为了保证煮饭烧水的用油，致使汽车没有油而停工，只得到兵站借了几桶油，以解燃眉之急。

8 月中旬，我们从谩木滩搬家到风火山南麓，要渡过宽约 1 公里的乌丽河。该河水深没膝，载重汽车过不去，只好把汽车上的物品全部卸下来。附近雇不到牦牛，全靠肩扛手提，把一件件物品——帐篷、办公用品、厨房炊具、测量仪器、物探设备、钻探机具、后勤物资、个人行李等等，搬过河。每个人都穿着长筒雨鞋，每天来回过河走四趟，个个满身大汗，精疲力竭，搬了两天才搬完。

许多人肩膀皮肤磨成红肿，甚至磨破渗血；有的体力不支，扛着重物，走起路来摇摇晃晃，旁边的同志立即过来帮忙；有的脚扭了，按摩按摩，涂些药，继续拐着走；有的疲惫不堪，摔倒了，当别人把他扶起来后，继续提起东西往前走……

在风火山下，用水和汽油均较紧张，生活较艰苦，早上不洗脸，经常喝不上水。每天出工都要陷几次车，挖土拉车，体力消耗很大。一般都在晚 10 点左右回来，有时到 12 点左右。吃完饭，不洗脸、不洗脚，就上床呼呼大睡。

9 月初，有一天下大雪，雪花飘到帐篷里，冷飕飕的，睡了一个晚上，脚还是凉的，整个晚上没睡好。有两位测量专业的技术人员，干脆加班通宵。

9 月 15 日，最后一天出工，任务十分繁重，包括地质调查、布钻孔、插旗、刺点等等。我们共 8 个人，这一天光走路就有 30 多公里。晚 9 点钟，天已黑，我们正走在陡坡上。山坡上没路，硬是沿坡爬着走了半小时。山坡上的土是松软的，都是冻胀草丘，一旦踩不稳，就会连人带土一起往下滑溜。每走一步都先要用手摸摸石头,确认石头是牢固的基岩后,把手抓牢石头,才小心翼翼往前跨步,始终处于提心吊胆,高度紧张状态,稍有闪失,就将葬身江河,下面是汹涌奔腾的河水。

下了山坡,我们已累的走不动了,走几步就要停一下。好不容易走出山口,汽车正等着我们。此时,是夜里10点,回到住地已经11点多。

在45天勘测工作中,经历了不少艰难险阻。虽然生活和工作很艰苦,但同志们的心情是愉快的,我们都感到自豪。

目睹一只大狗熊

可可西里一带虽是无人区,但野生动物还是不少。时常可见到野牦牛、藏羚羊、野驴、棕熊、野马、野驴等等。有一天,我们一位测量工人在观测经纬仪时,无意中从经纬仪里观察到一只狗熊,当时我们现场有10个人,有两架望远镜,但没带枪。狗熊离我们约2公里多,我们用望远镜追踪,看到它下沟,后来又上沟,走了一程路后,大约距我们400余米,抬头看我们。我们聚在一起,有的从望远镜里跟踪狗熊,有的拿着花杆,严阵以待。也许它看到我们众志成城,准备决一死战的架势,心中未免有些害怕,就往东面山坡上跑。当时正下小雪,它一口气跑到将近山顶时,又沿着等高线走一段,然后跨过山脊,到山后面去。该狗熊身体肥大,身上呈白色,有黑色斑块,跑路时气喘吁吁的。据青藏公路85道班的工人说,该处是狗熊的窝。

这是我第二次看到狗熊,1954年我在东北小兴安岭勘测汤林线时第一次看到狗熊,而且遇到好几次。在小兴安岭看到的都是黑色的狗熊,当地老乡都叫“黑瞎子”。这次看到的狗熊,距离较远,我们人也多,心里并不畏惧。在小兴安岭的林区发现狗熊时,往往距离较近,心生畏惧,所以出工时都有保卫人员带着枪随行。

奇异的冻土不良地质

在高原上有各种各样的冻土不良地质现象,尤其是在可可西里无人区最为集中,有冰锥、冰丘、冻胀丘、融冻泥流、热融滑坍、热融沉陷、热融

湖塘等等。其中，最有趣的是冻胀丘，特别是爆炸性充水冻胀丘。它是青藏高原上一种特殊的冻土不良地质现象。其成因，目前还未完全查明。根据有限的了解，这种冻胀丘在寒季开始隆起，暖季成熟爆炸，继而大量出水，同时还有大量二氧化碳气体冒出，坍陷成坑后，冻胀丘当即消失。通常现场难以遇到正在活动的炸性充水冻胀丘，我们却在青藏公路 86 道班处，看到过正在活动的爆炸性充水冻胀丘。当时，我们正席地而坐吃馒头，突然听到爆炸声，随即向爆炸声方向望，看到一股水从冻胀丘顶部往上喷，待到冻胀丘处观察时，发现有坍陷的坑，并有二氧化碳气体味。

还有一种叫泥灰岩冻胀丘，是可可西里无人区特有的现象，是屡见不鲜的。泥灰岩冻胀丘在航空像片上呈白色小点，和旱獭的窝很难区分，唯一的区别是旱獭窝在白色小点中，有一个小黑点。是旱獭进出口所形成的阴影，而泥灰岩冻胀丘没有小黑点。

有一次，在风火山南麓的扎苏捎格塘盆地的冲积平原上，我和另外一个年轻技术人员，为了收集泥灰岩冻胀丘，花了整整半天时间，沿途见不到其他人，茫茫大地，寂寞、单调、枯燥，偶尔见到狡猾的旱獭站在洞口，抬头四周张望，老远看到我们，就往洞里钻。

在高原上连续走半天，还要工作，是非常累的，是一般人难以承受的。我们凭着认真和执着精神，终于查明了泥灰岩冻胀丘的情况，并收集保存了泥灰岩冻胀丘的典型图谱。后来在我的论文和著作里公开发表了该典型图谱，而以前的有关技术文献中，没人提出过这种冻土不良地质现象，也没有对泥灰岩冻胀丘进行过描述，更没有刊登出泥灰岩冻胀丘的图像。

在青藏高原铁路勘测过程中，我们收集了大量高原多年冻土地区不良地质遥感图像典图谱。我深知能有机会到高原地区工作是非常不容易的，是千载难逢的机遇，不依靠勘测队，自己是不可能单独来的。因此，我要尽力收集这些地区极为珍贵的冻土不良地质遥感图像。再累，再困难，我都坚持收集这些珍贵的资料。其实外国地质专家梦寐以求地想到青藏高原收集这些资料，但他们来不了。我们有这么好的机会，能无动于衷吗？

诡异的天国

可可西里无人区是个神秘的天国，人们都向往着它，但又因它的恶劣气候而害怕。如果我们撇开高原缺氧这一不利因素，单以高原地貌景观而言，的确令人赞叹不已，虽然有些荒凉和单调，却构成了其他地域所无法形成的诡异天国——蓝天、白云、草原、雪山、湖泊、冻土沼泽、半固定沙丘、沙砾地……神秘而宁静。在这样的环境中人们的心灵可以得到净化，可以排除世间的一切烦恼和私心杂念……

有一次，我和一位年轻人一起，在无人区进行地质调查，我们走了大半天，也没看到一个陌生人。

当我们爬上一个低垭口上向前眺望时，映入眼帘的是个宁静而神秘的原野——一块不大的盆地，低洼处躺着平静如镜的湖泊，周围绿色草地涌吻着她；远处的皑皑雪山倒映入碧蓝如镜的湖水中，四周静悄悄的；湛蓝色的天空飘着几丝悠闲的白云，构成如画的美景……我惊叹，世上竟有这样的人间瑶池，这样的童话世界，简直是一幅绝美的风景画卷。

我到过瑞士的日内瓦湖，碧绿清澈的湖水，远处黛绿山岗，湖中的喷泉……的确很美；瓦尔登湖我没去过，但梭罗在《瓦尔登湖》一书中是这样描述的，“瓦尔登湖湖水清澈、浅滩风景、水中的活泼鱼儿、结冰时的深沉等等，当然还包括湖边的森林和小木屋。”我想，瓦尔登湖也一定很美。但无论是日内瓦湖还是瓦尔登湖，都不会有雪域高原特有的神秘、宁静，世外桃源般的湖光山色之美。

也许只有稻城·亚丁要比这里的景色更胜一筹。稻城·亚丁我并没去过，亚丁是属稻城县香格里拉镇管辖。1937 年拍的《消失的地平线》的电影（介绍香格里拉的风姿）我也没看过。只因稻城·亚丁这片净土，最早被美国探险家约瑟夫·洛克所发现，并把这个地方所拍到的照片发表在美国《国家地理杂志》上，一时引起了轰动。于是关于稻城·亚丁的介绍就多了起来。

本人闭目塞听，竟然也看到了有关稻城·亚丁的介绍，那里有雪山、冰川、峡谷、森林、湖泊及纯净的空气。而我这里所目睹的人间仙境和童

话世界遗憾的是没有冰川、峡谷和森林，但却有静静的湖泊倒映着雪山，绿色的青草和丝丝的白云……仍不愧为人间仙境和童话世界。

多好的美景啊！，我们干脆就坐在垭口上，细细地品味人世间少有的宁静，清纯，欣赏身边可爱的小草——开着各种颜色花的小草。再眺望远处的湖光山色，湖中倒映的雪山，天空悠闲的白云，在我心中氤氲开来，内心感到平和、从容、宁静……我们远离尘世的烦恼，陶醉在这美景中，久久地、久久地舍不得离开。

我在想，自然界的神奇力量无处不在，所塑造出的大美无限，都是那么奇异，那么令人神往，只有亲临其境，才能领略其奥妙所在。而我们用语言描述这种大美时，是苍白的。

(四)突如其来的洗脑闹剧

我们第二次上青藏高原,是1976年暮春季节。我们几个人因参加一个学术会议,没赶上大队伍,只得几个人结伴而行。经过长途跋涉,于4月底到达格尔木。

在格尔木正好遇上铁道部医疗队的大轿车上高原,我们顺便搭他们的车到沱沱河沿。途经纳赤台时,医疗队员下车暂住,以适应高原环境。我们毕竟上过高原,经过了考验,当晚就住在五道梁。当地民谚称:“到了五道梁,难见爹和娘”,我们偏偏住在五道梁。吃得不好不说,晚上睡觉棉被硬梆梆的,又脏又凉,还没枕头。睡到深夜2点起来,继续启程。醒来后晕晕沉沉的……早上8点,到达沱沱河沿20队队部。

到队部后,感到有些不对头,气氛很严肃,人与人之间不像以前那么热情,而且还发现有七八个陌生面孔的年轻人(工农兵大学生)。经询问关系较好的同志,才略知情况有变化。

工农兵学员任副职

原来这批大学生是北大、清华应届毕业生,学的是锅炉、材料科学与工程、建筑学、机械自动化、教育管理等专业,他们(她们)都已经毕业分配了,与铁路专业毫无关系,怎么会分配到铁路系统来呢!他们又怎么被卷入这场政治风波中呢!原来是有来头的,据他们说是来领导我们、教育我们的,实际就是来夺权的。大学生们带着傲气地说,是北大领导派他们来的,是某领导直接抓的。某领导是中央委员,和中央文革小组有热线电话相通……

经过几天的了解,才知道分配到勘测队的北大、清华大学生,都是工农兵大学生,大概有五六十个吧!他们分配来时,许多人是火线入党的。他们到勘测队来后,大小都当上头头,有当总队党委副书记的、总队副队长的,有当分队党支部副书记的、分队副队长的,所有小组都按上一个工农兵大学生当副组长。

实际上他们任副职并不管生产。这些工农兵大学生,对铁路勘测一

窍不通，又刚出校门，不可能抓生产，他们的任务主要是抓革命，是来教育刘少奇 17 年黑修养培养出来的大学生。

工农兵大学生的思想和行动都是上级领导指使的，不但有北大某领导、文革小组的支持，更有勘测总队领导的支持。

总队领导讲话、党委文件，都是支持工农兵大学生的，这方面的例子太多了。有一份总队党委文件专门谈设计一所医院的事，文中谈的内容大意是：这所医院由工农兵大学生和勘测队的技术人员分别设计，文件中指出：总队党委支持工农兵大学生的方案，认为他们的方案造价低，比较实用；技术人员设计的方案造价高，不实用……不知道这个评价是专家评定的还是党委评定的。

各分队领导也在多次讲话中，批判知识分子，赞扬工农兵大学生。讲话大意是：现在知识分子分三类：一类是工农兵大学生，是我们主要依靠的力量，目前批判邓小平主要也是他们；第二类是 17 年黑修养培养出来的知识分子，他们要接受工农兵再教育；第三类是解放前留用的知识分子，他们很多人是反动的，要老老实实地接受工农兵再教育……

事实上也是这样，大批判的事主要由工农兵大学生承当，我们只管生产，没资格参加大批判。

技术人员个个提心吊胆

在这种形势下，技术人员都表现的很老实，特别是出身不好的知识分子更是处处小心，表现的特别积极。队里经常有卡车来，每次都是装的满满的东西要卸下来，卸车都是技术人员的事，我们最积极、最卖力。

队里有个雷工程师，是旧社会留用的技术人员，技术水平高超，他平时小心翼翼，话也不多，已经 50 多岁了，每次卸车他从没落过。自从分队长谈的三类知识分子后，他非常紧张，我们和他聊天，开导他说，不要紧张，不要在意，又不是所有旧社会留用的知识分子思想都反动，您的表现我们都清楚。听到我们开导后，他感到同志之间的真正友谊和关爱，十分感激我们。

由于技术人员和工农兵大学生的地位、观点和经历完全不一样，所以

平时很少接触，即使在一起也很少聊天，更不会说心里话。技术人员总当心被他们抓住辫子。有的技术人员为了搞好关系，主动的和工农兵大学生接触，并教他们一些技术知识。曾经有水文组的一位技术人员，给一位工农兵大学生讲水文公式，这是很正常的一件事，但在分队的一次会议上，队长却说："我们队有些技术人员看不起工农兵大学生，对他们很冷淡；有的则故意拉拢他们，以传授技术为名，用资产阶级思想腐蚀、改造工农兵大学生……"

也就是说技术人员怎么对待工农兵大学生都不对，和他们很少接触，很少聊天，说成是看不起他们；主动接触他们，教他们技术，被说成是拉拢他们，腐蚀他们，是糖衣炮弹。许多技术人员听完，气愤填膺，但在那种气候条件下，只能忍气吞声。

小秦觉悟了

在我的思想里，一直不理解我为何要接受比我小许多的工农兵大学生的再教育，他们凭什么本钱来教育我。后来的事实正好说明不是工农兵大学生教育了我们，倒是我们的思想和行动感动了他们。

在队里，开始一段时间，都是抓革命，不搞生产。工宣队进住各个队后，一些队领导经常到格尔木总队去开会，形势十分紧张，有山雨欲来风满楼之感。到了 7 月初，才开始出工。

我们地质组，分配来一个姓秦的清华大学工农兵大学生，他是学锅炉专业的，他有一个女朋友也一起分配来，个子和小秦一样高。他们俩都是火线入党的。他女朋友在队部帮队长处理一些日常的工作。小秦被任命为地质组副组长。

队里组织一个大组，约 30 多人，到风火山至可可西里一带调查地质情况。地质组抽调五个人，包括小秦，组成小组，随队一起出发。

我们住在通天河一个支流的河边叫做二道沟的附近，这里距沱沱河沿队部约七八十公里。

大家忙着在一个龟背地形的高处搭起了两个大棉帐篷，两个小棉帐篷（每个帐篷可睡 5 个人）。

搭完帐篷，我们地质组五个人住在小棉帐篷内，待各自支完行军床，铺完铺盖卷后，小秦已经筋疲力尽，躺在床上直叫累，说呼吸有些困难。他毕竟是第一次上高原，以前在学校过着舒适的生活，又没有经过勘测队的锻炼。我们赶紧让他对着氧气筒吸氧气。不久，就恢复了正常。我们告诉他是高原反应，每人都有这个过程，慢慢的就会适应，叫他躺着好好休息。我们老技术人员，有的继续帮着搭厨房的棉帐篷，有的到河边挑水……这里靠近河边，用水十分方便。

待我们回来一看，小秦睡着了，已是中午，小秦还没醒。这时厨房李师傅吹响哨子，开始吃中午饭了，我们叫醒小秦……

帐篷是六方形的，中间放了取暖煤炉，住五个人挺合适的，但有个缺陷，帆布的门帘太小，挡风效果差些。

各组都在进行出工前的准备工作。我是专门从事遥感地质工作的，事先把航空遥感像片解译的地质内容，编制一张预判图，并在图上设计了调查路线及观察点。我们地质组的准备工作就是在室内利用立体镜（通过它可使一对航空像片内的地物看成立体）观察立体像片，同时熟悉预判图……

勘测的线路长度约 50 公里，地质调查估计 10 天左右可以完成。

第一天，我们按设计的调查路线在住地附近调查，这一带的地质问题主要是高原冻土不良地质现象，包括热融湖、热融沉陷、冻胀鼓丘、冰锥等等。第一天进度较慢，一是大家对现场还不熟悉，仅仅确定现场的地物在像片上何处，就耗了好长时间；二是小秦对冻土不良地质现象不了解，要进行现场讲解。以后几天就比较顺利，按设计路线和观测点进行调查，平均每天约 5～6 公里，应该说是比较轻松的。小秦每次都是落在最后。

在二道沟附近住了 10 天，整个外业工作便宣告结束。在短短的 10 天中，我们和小秦结下了友谊。开始时，他不适应高原的生活，有高原反应，我们尽量不让他干重活；在业务上也耐心地教他，让他多少学到一些地质知识。他和我们短短的 10 天相处中，深深地体会到我们这些技术人员并不像过去领导所说的那样，是资产阶级知识分子，觉得过去不理我们是不对的……

在我们亲切关心和热情帮助下，小秦改变了对我们的看法，抛弃了前嫌，相处得很不错。初步消除隔阂后，互相间开始聊天，说心里话。我们组里有一个姓高的工程师，平时就爱说话，而且说出话来都很刻薄。他也经常说些讽刺工农兵大学生的话。这次和小秦聊天中，又说了心里话，他说："小秦啊！小秦，你这次工作是我们高原勘测中最轻松的一次，从队部搬家来，很顺利，没陷过车，住在这儿用水很方便，取暖也没问题，也没吃到半生不熟的饭，特别是每天出工只走五六公里，以前我们哪天不是走十几二十公里，还经常陷车，经常摸黑到家……你才来几天，条件还这么好，没吃什么苦，就受不了了……

小秦自知理亏，没多说什么，也就默认了。他也敞开心扉和我们说心里话，我们和他聊天中得知，原来他们的班长、团支部书记都没来。我们说，你们上当了，把你们推到前面来当炮灰。要是以前我们这么说，他非要反驳我们不可，当然哪时我们也不敢说。而这次说了，他不但没反驳，反而觉的我们说的有道理了，于是，开始反悔，觉得自己上当受骗了，是我们启发和教育了他们，从内心深处对我们表示真挚的感谢。

尾　声

这次外业工作结束后不久，我就到冬里布钻机组工作了，再也没见过小秦，但对他的觉悟感到高兴，他毕竟是年轻人，是受害者，无可指责。

到了 8 月底，形势似乎有些紧张，队里的民兵开始活跃起来，上面的两派斗争、夺权斗争愈演愈烈。一些高干子弟，特别是军队的高干子弟，都纷纷调走，有门道的人也相继调离勘测队，乘下的没门路的人，在"四人帮"倒台后，全部调出。听说小秦是属于这一类的。

至此，一场轰轰烈烈的洗脑闹剧宣告彻底破产。

(五)难忘的冬布里

冬布里位于青藏高原可可西里东端，是一望无际的无人区，偶尔看到几匹藏羚羊，才意识到这儿还有生命。

为什么说是难忘的冬布里呢？因为我连续两年都到冬布里进行勘测工作，特别是第二年在冬布里钻机组工作，和钻探工人结下了深厚的感情。

第一次去的时间很短，只住了几天，主要是简单的地质调查和布钻孔，以便下一步初测时，钻探工人按布置的钻孔孔位施行钻探。

第二次到冬布里的时间较长——

1976 年 7 月底，我和物探组的三位年轻人一起，乘总队小赵司机开的北京牌吉普车。公路是柏油路，刚修完不久，满不错的。太阳消失到地平线下时，我们到达了 81 道班 122 机组驻地。

我们在钻机组留宿一夜，次日上午，闲得很，没事就聊聊天，看看道班工人硝羊皮。他们是从藏民处买的羊皮(一个生羊皮一张 2 元钱)，自己硝。硝羊皮的过程并不复杂：主要用料是面粉和食盐，一个羊皮用 3 斤面，半斤食盐，把面粉发起来后和盐糅合在一起，和羊皮一起放在缸里或桶里，然后加水，以能淹没羊皮为准。每天翻 2～3 次，夏天腌 5～6 天，冬天腌 15 天左右。硝完羊皮后，把它凉干，或晒干。最后用刀刮羊皮，使其柔软则可。

8 月初进驻冬布里，在这里住了一个月，到 9 月初回到沱沱河沿。

工人的高贵品质教育了我

在冬布里的一个月里，我经历了思想改造和体力劳动双重考验。当时，上面布置下来，再度提出批判邓小平。而我们正是工作最忙的时候，根本没有时间写批判，况且我们是 17 年刘少奇黑修养培养出来的知识分子。队领导也说过，我们是团结的对象，是接受工农兵大学生再教育的，大批判的事跟我们关系不大，以此两点为借口，我并没有积极参加批判邓小平。但也不能太露骨，我记得为了应付上级领导的布置，还是用了一个晚上东抄抄，西凑凑，写了一篇上交。

自从我离开校门到勘测队工作后，无论是领导的教育还是我自己的思想，从来都认为知识分子要向工农兵学习，而我们在勘测队主要就是向工人学习。所以这次有机会到钻机组和工人们同吃、同住、同劳动，是我向工人学习他们优秀品质的好机会。我当然非常珍视这种机会，我是这样想的，也是这样做。

冬布里驻地，不仅是 122 机组所在地，还有 123 机组。我虽然是跟随 122 机组，但两个机组的钻孔记录以及钻探日志的整理都由我一人负责，忙的不可开交，每天晚上没有早于 12 点睡觉的。和工人们住在一起，天天到深夜睡，影响他们睡觉。

鉴于此，队领导让我单独住在一个小型的棉帐篷里。当然，显得比较宽敞。我自己也不知道是属于哪一级的待遇。

虽然和工人们分开住，但吃饭、工作，还都在一起。和工人们相处的很融洽，在共同生活和工作中，深深体会到他们的大公无私精神、吃苦耐劳精神，以及对祖国和人民的无限忠诚。他们不说大道理，却很懂得道理。我们经常在一起聊天，尽管有些话说的有些粗鲁，但心里怎么想就怎么说，一点不虚伪……总之，这些高贵的品质对我教育很大，也使我的思想得到升华。

重体力劳动的考验

我的工作，除了对岩芯进行鉴定和描述外，还要把缓变温度计(一种测冻土层温度的温度计，直径约 1 厘米多，长约 30 厘米)放到钻孔内测冻土层的温度。每个钻孔深度平均 10 米左右，由于钻孔钻的深度不深，几乎每天都能钻一个孔，钻完了一个孔，马上要搬到新的孔位，进行新孔位的施钻。每天要搬动钻机。

钻机的拆装，我是帮不上忙的，但从一个孔位搬到另一个孔位，帮着扛抬机件，还是可以的，大件搬不了，搬小件。钻探机械这玩意儿，没有轻的，最轻的钻头、扳手，都好几公斤重。有时帮着他们扛抬钻干，倒觉的轻松些，因为可以在肩膀上左右倒来倒去，而且垫上厚厚的垫肩，受压感可

以缓冲些。

这样大的劳动量，加上睡眠时间不足，脑力劳动又很紧张，一个月下来，瘦了十几斤。

这次在冬布里垭口共钻了400多米深的钻孔，按计划要钻600多米。由于当时“文化大革命”形势十分紧张，上面的两条路线斗争愈演愈烈，已经影响到基层的工作，大家思想也很乱，说怪话的也不少。在这种情况下，上级决定停止冬布里隧道工程的钻探工作。

在青藏公路附近观察冰丘。该冰丘面积2千多平米，高约50米，冰丘表面形裂缝宽达30～40厘米，冰丘中间形成水塘(1975)。

在高原汽车上过夜

9月初，我们乘汽车离开冬布里回队部，哪知道天刚黑时，前面遇到一个干沟，宽约100余米，沟床是泥灰岩，遇水成为软泥。汽车陷入软泥里，拉了1个多小时，硬是拉不出来，大家筋疲力尽，肚子也饿了。

无奈！队长决定在汽车上过夜。

车上遮盖着帆布，空气不流通，闷得很，呼吸很困难，十几人挤在一起，脚被压的麻木不仁，一人动时，其余的人也不得安宁。有些同志干脆下车活动活动，呼吸一些新鲜空气，看看高原夜空中闪烁着疏朗的星光和清冷的月亮，反而觉得清醒些，但时间长了还是感到冷，不得不回到车上继续受罪……就这样半睡不睡的

青藏线勘测取水样留影(1975.7)

凑合了一夜。

早上天刚亮，就起来拉汽车。大家分工，有挖车轮下土的，有往车轮下填石头的，还有垫路的、检石头的，挖的挖，填的填，七手八脚……终于把陷车拉出来了。

到了公路，就很顺利了。途经五道梁，吃了中午饭，继续往沱沱河方向走，沿途下了几次雪，下午三四点到达沱沱河沿队部。等待下一步的安排。

(六)圣地拉萨见闻

1975 年,高原勘测工作结束后,到拉萨乘飞机回成都,在拉萨停留三天。

40 多年前的拉萨,和现在的拉萨,不可同日而言。

拉萨这座高原圣地,海拔 3 700 米,常年蓝天白云,空气清新。

整个城市呈现出神秘而浓厚的宗教色彩,经常见到藏民们在布达拉宫前虔诚地拜佛。寺庙、朝圣者、宗教文化是这个城市的主旋律。

当时的拉萨城区以大昭寺和布达拉宫东西两个重点区为中心区域,总面积恐怕不及现在城区的十分之一,人口约 14 万人左右。市政建设十分简陋,见不到什么高楼大厦。公共汽车只有 4 路,乘车极不方便。

那时,拉萨市区最高的几座标志性建筑有:自治区人民政府办公楼、自治区筹委会办公楼、人民医院门诊楼、劳动人民文化宫、西藏革命展览馆等,均为二、三层铁皮屋顶石头水泥木结构的楼房。

现在的宇拓路当时称人民路,是拉萨市唯一的商业街,这条街上最大的商店就数拉萨市百货商店了。

我们到拉萨后,除参观寺庙外,就是到拉萨百货商店逛逛。到拉萨百货商店并不光顾其他商品,而是冲着毛线来的。商店卖的毛线都是纯毛的,品种繁多,颜色多样,又很便宜,所以买的人很多。我们不但自己买,亲朋好友托买的也不少。毛线每斤 12～15 元不等。

百货商店里的售货员多是四川妇女,卖毛线的售货员是清一色的川妹子。四川出美女,是我国美女第一大省,川女不但长的漂亮,而且口齿伶俐,能说会道。有一次我们到毛线柜台买毛线,看到柜台前围着许多顾客,走近一看,原来是两个川妹子在吵架,你一句,我一句,唇枪舌战,谁也不示弱,谁也不让谁。她们的四川口音,加上嘴一撇,眼睛一瞟,表情实在太精彩了。本人在成都生活了 8 年多,对四川人说话的幽默了解了不少,在茶馆里,经常可以听到摆龙门阵,有趣的言谈和比喻;也看过“抓壮丁”话剧,话剧里,四川土话的幽默可以说表现的淋漓尽致。但看到活龙活现的川女吵架和斗嘴,还是第一次。

前因后果并不清楚，只听了中间的一段：

你看到漂亮的男顾客特别殷勤。

你还不是一样。

谁像你一样，会勾引男人。

你管得着吗！老子高兴，哦，你（话音拉的很长）有能耐，你也去勾引啊！

谁像你那样不要脸，臭婊子。

你骂人，龟儿子，你这个泼妇不讲理。

……

拉萨街上的行人并不多，以藏民居多。参加工作的藏民多穿汉服，一般女性头上都围一个头巾，穿短外衣，短裙，长裤，长筒或半长筒皮鞋，显得很得体。

市区卫生环境较差，我们亲眼见到不少藏族妇女在树旁蹲着小便，街上犄角旮旯处经常看到大小便，连藏民医院门口都有许多大小便。

拉萨的汉民并不多，四川人约占 90%，饭馆里吃的菜也都是辣的，是川菜的风味。

古香古色的八廓街

八廓街又称八角街，据说，由于在拉萨四川人占很大比例，在四川话中，“廓”与“角”的发音相近，所以，就把八廓街误读成“八角街”了。后来，望文生义，以讹传讹，甚至以为八角街是因为环形街道有八个角。

八廓街是为了建筑大昭寺，并随着大昭寺的发展而建设和发展起来的，距今已有 1 300 多年的历史。

公元七世纪，松赞干布下令修建大昭寺，大昭寺建成后，朝圣者络绎不绝，日积月累逐渐踩出了一条环绕大昭寺的小径，这就是八廓街最早的轮廓。

后来，随着信徒的增多，大昭寺的周围出现了小寺庙、旅店、商铺，八廓街也初具规模。由于来自蒙古、不丹、印度和其他地区游客、香客、商贩的到来，八廓街发展成了集观光、民俗、购物为一体的商业街区。

八廓街是拉萨的老市区，是拉萨著名的转经道和商业中心，较完整地保存了古城的传统面貌和居住方式。八廓街的街道由手工打磨的石块铺成，两侧店铺林立。街心有一个巨型香炉，昼夜烟火弥漫。建筑都是两层楼的，具有鲜明的藏族风格，古香古色，环境十分古朴。窗户都围了铁丝网，种上各种不知名的花卉。

其实，逛八廓街，我们最感兴趣的还是到商铺里看看商品，商品种类十分丰富，有经文、念珠等朝圣用品，也有马具、藏刀等藏族手工艺品。

总之，各色商品琳琅满目，一定会让你眼花缭乱。

有不少尼泊尔人开的商店，店面狭小，商店卖的主要是民族服装以及装饰品之类的商品，有些店还卖美国刀片，其他国家的货几乎见不到。店里都挂了尼泊尔国王比兰德拉的像，有时也挂上女王的像，也有挂毛主席像的。不时听到悦耳的外国名曲。

徜徉在八廓街上，还让您感到兴趣的就是摆小摊的，以藏族喇嘛教工艺品为主，琳琅满目，美不胜收。

老年喇嘛不少，穿着红色的长衫，戴着老花镜，拐着拐杖，驼着背，怪可怕的样子。

偶见高鼻子、蓝眼睛的外国人；贵族妇女溜着狗的；外地游客，流浪者……

一句话，八廓街里，藏民的习俗和宗教色彩极为浓厚。

宏伟的布达拉宫

拉萨有三大寺：哲蚌寺、色拉寺和甘丹寺，据说解放前三大寺的喇嘛就有将近 3 万人。

我们参观了布达拉宫、昭觉寺、罗布林卡。

布达拉宫坐落在西藏首府拉萨市区西北的玛布日山(红山，该山系石灰岩构成)上，共有 999 个房间，总面积 9927 平方米。是一座规模宏大的宫堡式建筑群。它最初是松赞干布为迎娶尺尊公主和文成公主而兴建的，17 世纪重建后，成为历代达赖喇嘛的冬宫居所。也是西藏政教合一的统治中心。整座宫殿具有鲜明的藏式风格，依山而建，气势雄伟。宫中还收藏了无数的珍宝，堪称是一座艺术的殿堂。

汽车可直达宫殿门口，我们拾级而上。有木梯也有石梯，哪一种梯子都不是那么好爬，都需要你的多次“喘气”的代价换取来的。宫内的木梯又窄又陡，走起路来十分困难。

为我们参观讲解的是两位藏族同胞。

宫内各种画像瑰丽灿烂，目不暇接，艺术性很高，充分体现藏族文化的精华和劳动人民的智慧，可惜我们不知真谛。

一些木结构比较粗糙。许多门的下端都用大锁锁住，锁的长度约40厘米。我们参观了一个又一个的厅堂与过道，无数座佛像以及历届达赖喇嘛的坐化塔和灵堂。最引人注目的还是达赖十三世的灵堂。

在十三个灵堂中，以达赖十三世灵堂最为华丽，灵塔高10余米，据称用八千八百两黄金贴的，两边有经幢，还有许多内地珠宝财物，以及印度的两个大象牙，长约1米左右。另外，还有一个小塔，高约50厘米，由几万个珍珠串起来的。左侧还有达赖十三世的塑像以及欢喜佛等，我们还参观了他的经堂和卧室。卧室很讲究，摆设各种进口的电器产品，用人骨头做的烟灰盒等等。

从他的卧室可以浏览拉萨整个市区。

据介绍1959年西藏叛乱时，达赖一伙就是在布达拉宫内指挥，居高临下，但还是免不了覆灭的下场。

历代达赖喇嘛冬天在布达拉宫办公，夏天到罗布林卡办公消夏，所以布达拉宫被称为达赖喇嘛的“冬宫”，罗布林卡被称为达赖喇嘛的“夏宫”。

布达拉宫前有不少围着布达拉宫顺时针转圈的信徒；还有面对布达拉宫朝拜的佛徒。他们双手合掌举到头前，虔诚地向佛祖点三下，然后往前趴下去，全身贴地，两手贴地往前伸，再拉回手，起身，又重复先前的动作……由于常年的磨损，地下的拜佛石，留下了浅浅的坑。

昭觉寺

昭觉寺是为文成公主而建的。文成公主是经青海日月山、纳赤台到拉萨的。民间传说，文成公主经日月山时，因想家而流泪，形成今日的青

海湖，这当然是迷信的传说。还传说原来她乘的轿子非常派头，很讲究，抬的人很多。但到纳赤台后，抬轿的轿夫不适应，有的人生了病，只得改乘简单的轿子。到了拉萨后，由于旅途劳累，气候不适应，死者为数不少。

藏王有两个王后，一个是尼泊尔人，一个是文成公主。在昭觉寺内见到泥塑的藏王松赞干布以及文成公主和尼泊尔公主的泥塑。据说接文成公主的一位藏族官员调戏了文成公主，而塑像中竟然也有这位官员。

寺内还有文成公主的塑像，由于光线昏暗，看不清楚。寺内的壁画灿烂夺目，比比皆是，只是看不懂。有一个壁画是释迦摩尼从母亲的腋下生出来，有人用布把他接住，然后走了三步，就成了佛，等等。

昭觉寺的前面，有一棵大柏树，据传说是文成公主所种，至今仍在，但已枯死，外面用围墙围起来。在树与寺之间有一个大石碑，高约 3 米，宽 1.5 米。许多藏民由于迷信及对文成公主的怀念，经常在碑前跪拜和磕头，并用手抚摸碑石，用珠子在碑上摩擦。他们是在碑的后面祷告的，祷告完从左侧出来，绕到树后面的围墙边，从右边出去……

罗布林卡

罗布林卡是达赖喇嘛的“夏宫”，实际是一个公园。宫内于 1956 年新盖了一个两层楼的新宫，用了两年多时间盖成，是周总理特批的专用款，专供达赖居住的，具有西式和藏族风格的楼房。外表金碧辉煌，十分气魄。楼前种有成片花木和一个喷水池。从一楼到二楼，都是铺了地毯的。

我们去参观罗布林卡的那一天，贴出布告说要整理内部，准备开贫协会议，暂停参观。我们正在犹豫时，有两个小女孩跑出来，我们问她们，你们的母亲在哪儿，她们答，在里面。紧接着有两个藏族女同志走出来，手里拿着破棉袄要晒。我们对她们说，让我们进去参观一下可以吗？他们答复是要开贫协代表大会，正在整理内部，暂停参观。后来又来了一个藏族女同志，是这里的小头头，我们又和她说了一些好话，说是来修青藏铁路的，本来是今天乘飞机走的，飞机票已经买好了，因故飞机不起飞，改成明天走，今天来，机会难得，你们就成全我们吧！她又说要到公园领导小组那里联系，同意了才能进去。后来，原来两个藏族女同志中的一个，看到小头头准备走，向我们努了一下嘴，还做了手势，意思是再和小头头磨一磨。我们正要和小头头磨时，楼梯上又走下来两个汉族女同志（四川人），小头头和汉族女同志说了几句，他们好像没有拒绝的表情。我们又说了好话，还说，只参观15分钟就可以，不要你们讲解。就这样他们同意我们参观了。

15分钟时间很短，我们只能走马观花地看了一遍。宫内壁画和布达拉宫一样，多得很，我们看得眼花缭乱，还有外国画家的画。印象最深的一幅画是达赖十三世想当皇帝，旁边都是他的亲戚，还有阿沛阿旺晋美。

据说华国峰到新宫参观时，阿沛阿旺晋美还给华国峰讲了该画的含义。

除了一个现代化的浴室，因锁打不开没参观外，其余的全部参观了。最使我们感兴趣的还是达赖十四世的卧室。卧室并不大，约12平方米，用一根绳子拦住，不让参观者进去。但我们走的快，等他们来了，我们已进入卧室了，后来还是叫我们出来看。屋内摆设有进口的收音机、钟、电风扇以及国产落地式收音机，等等。浴室内挂着整整齐齐的毛巾，还有肥皂等等。

达赖逃跑时，铺盖都没叠，仍保持原状。

目睹天葬

西藏地域辽阔，丧葬的方法多种多样，主要有：天葬、塔葬、火葬、水葬和土葬。

天葬，是藏族较为普遍的一种葬俗，亦称“鸟葬”。信仰宗教的人认为，天葬寄托着一种升上“天堂”的梦想。具体方式是：人死后把尸体卷曲起来，把头屈于膝部，合成坐的姿势，用白色藏被包裹，放置于门后右侧的土台上，请喇嘛诵超度经。择吉日由背尸人将尸体背到天葬台，先点“桑”烟引来秃鹫，喇嘛诵经完毕，由天葬师支解尸体。接着取出内脏抛于四周，并将骨骸和头颅砸碎，拌以糌粑扔出。群鹫飞至，争相啄食，以食尽最为吉祥，说明死者没有罪孽，灵魂已安然升天。如未被吃净者，要将剩余部分拣起焚化，同时念经超度。

我们在 11 月上旬的一天早上，天刚摸摸亮，乘车到拉萨北部的天葬台。

不久，见到有一位骑着自行车的人到山脚下停下来，自行车后面放着酥油、糌粑等食品。此人上山后用牛粪和糌粑混在一起点火燃烧，所谓点“桑”烟，老鹰闻到这种味就会飞来。旁边有一位喇嘛，可能是诵经者。

一会儿，又见远方有个架子车拉着东西过来，到面前一看，有一捆塑料袋，里面捆着死人，还有茶具等物品。三个中年人把死人和物品抬到天葬台附近，再抬到天葬台的大孤石上。大孤石面很平，稍有倾斜，估计台面约 50 平方米。他们把塑料袋打开，是一个中年妇女。之后，他们就在附近的小孤石旁坐下，喝酥油茶、抽烟。

我们十几个人站在一个小山头上，天葬台和我们隔着一条沟，距离约 30 多米，居高临下。虽然天葬还没开始，我们的心情已经很紧张了。

过一会儿，从西面山坡小路走来一个 60 多岁的老者，穿着灰布长衫，胡子留的长长的，身体健壮，走路稳而慢，到喝茶处坐下。年轻一辈的端着酥油茶给老者喝，并递烟给老者抽。看样子老者很有权威，年轻人都尊重他，老者是主刀者。

不久，老者走到大孤石的石洞里，出来后，像变魔术一样，身上穿的变成紫红色的长衫，手提两把亮晶晶的刀递给年轻人，叫他们磨一下。老者又坐下来喝酥油茶。

这时已有不少老鹰（秃头鹰）停在山坡和山顶上，有的还在上空盘旋。

老者持刀迈向死人前，刀长约 30 厘米，宽约十几厘米。

他蹲下身，开始动刀，先从死者背脊骨开刀，往脚后跟，把骨头剔出来，接着把小腿和大腿切断，然后翻过身来，把肚子里的五脏、六腑掏出来，再把脖子切断，头发割下，脑浆倒出来，一边切肉，一边把剔出的骨头扔给旁边的两位副手。两位副手是年轻人，他们把骨头放在石窟内，手抱大漂石将骨头剁碎，剁骨头时是跪着，大腿上盖一块布，碎骨头、肉、血，四处飞溅。

我们勘测队的一位医生对死者是什么病特别感兴趣，根据他的分析，死者肚子很大，有腹水，认为是肝病，但别人并不感兴趣。

老者不时站起来看看我们，然后又弯下腰继续操作……

操作完了，这时老鸦与小鹰约有二三百只了，两位年轻人把带肉的骨头装在麻袋内，背到东北面稍高处的一个大孤石上，把骨头扔出去，许多老鸦和小鹰争着吃。

老鸦不敢停下来吃，而是飞过去叼一块就飞走，而小鹰则站在骨头附近大胆地吃。那些老奸巨猾的老秃头鹰站在山顶上，无动于衷，他们感兴趣的是人肉。待老鸦和小鹰把骨头上的肉吃完后，他们开始扔人肉，这时老秃头鹰展翅缓缓落地，小鹰们就自动退出。

在动刀的过程，经过家属的同意，我们的同志照了相。但当老鹰下来吃骨头和肉时，他们不让我们照，怕影响老鹰下来吃，这样死者就上不了天了。

整个过程约 1 个小时，动刀约半个小时。天葬结束后，他们用小便洗了血手，然后又喝起酥油茶和抽烟。至此，惊心动魄的天葬过程就算结束了。

据说藏民 8 岁以上死的人都是天葬。这个天葬台每天都受理 3～4 个天葬的，一个死者就有一个动刀的。有的操刀者还穿雨鞋、白外衣。在解放前还有吹喇叭等仪式，十分隆重。

（七）不寻常的旅途

伟大领袖毛主席逝世

1976年9月初，我们从冬布里回到沱沱河沿队部。9月9日下午四点多，我们正在帐篷里聊天，沱沱河沿公社党委书记告诉我们，伟大领袖毛主席不幸逝世，问我们有没有收音机，我们把收音机打开，听到中央电视台的广播，我们简直不敢相信，感到非常突然，大家悲痛欲绝，有日月失去光辉的感觉，相对无言。毛主席啊！我们刚刚完成了您老人家日夜想念的青藏铁路线的勘测，我们还没来得及向您老人家汇报我们的成果，您就离开了我们，我们心中有多大的遗憾啊！……

9月的一天，我们拆帐篷，并装车，整整忙了一整天，准备回格尔木队部所在地。由于行李都已装车，晚上在沱沱河沿汽车运输站过夜。

原计划次日下午到格尔木，哪知道当晚刚上床还未入睡，正在听各省市自治区给中央的唁电的广播。突然，通知说有位司机得了急性盲肠炎，医疗队的外科大夫都出去巡回医疗了，在沱沱河沿无法动手术，要赶紧送下山，把我们都叫起来，说随送病人的卡车一起到格尔木。在临睡前，我们还说这里被子真干净，今天累了一天，该好好睡一个晚上，没想到美梦破灭了。

到公路边又等了约20分钟才开车。大家的皮帽都装在行李里，我的皮大衣也装起来了，还是别人的借给我用。晚上乘车可是冷的要命，在车上糊里糊涂睡了一个晚上。

次日，下午2点，车到格尔木南郊的20队驻地，下车后，我们立即将病人送往格尔木医院。

参加悼念毛主席的活动

在格尔木期间，主要是参加悼念伟大领袖毛主席的活动和工作总结。分队没有组织大家参加格尔木当地的吊唁活动，但参加了二总队的吊唁活动。二总队的吊唁活动包括总队的宣誓、分队的宣誓，每人都写了保证书、决心书等等，同志们都以万分悲痛的心情参加了吊唁会，决心要化悲痛为力量，继承伟大领袖毛主席的遗愿。

虽然没组织我们参加格尔木地区的吊唁活动，但大家都自动到吊唁现场参加吊唁活动。吊唁活动中，会场一片肃穆，每个人都怀着对伟大领袖无限忠诚的心情参加了吊唁，心情万分悲痛。很多动人的场面，令我终身难忘，许多人痛哭流涕，有的欲哭无声；还有不少人晕倒了，特别是解放军战士晕倒的最多，有专门的医务人员把晕倒的人抬到救护站……

夺权斗争白热化

在格尔木停留了一星期，参加完毛主席的追悼会后，开始工作总结，几乎没有个人自由活动的时间。其中有一个星期天我们到格尔木县城转了一下，主要是到格尔木百货公司逛逛。当出大门口时，冷不丁看到一位解放军和普通老百姓抱着在地下滚打起来，一大群围观的人，谁也不敢上前劝解。今天听起来好像是天方夜谭，不好理解，但在“文化大革命”期间就是发生了……

毛主席逝世后，上层的夺权斗争似乎愈演愈烈，甚至在我们基层都有所察觉。在我们20队住地，队里民兵开始活跃起来，有的民兵背着枪，个个显得不可一世，盛气凌人，似乎比普通人高一等，从来不用正眼看人。

驻地前面是一个不大的土质广场，用铁丝网围着，没有门，立两个柱子就是出入口。后来出入口按上了横杆。民兵们经常在广场上练操，整个气氛十分紧张，用杀气腾腾形容一点也不过分。

之前，我不知道有什么民兵组织，也不知道谁是民兵，到这时候却冒出了民兵组织和民兵来，一看就知道都是出身好的，都是造反派。出身不好的或社会关系复杂的，是排斥在外的。我是属于社会关系复杂的，当然无缘加入，再说，我的年龄也已超过了。

经历了文化大革命，我们心里明白，这样的形势是长不了的。我们也意识到可能是毛主席逝世后，上层两条路线斗争激化，夺权斗争白热化的反映，总有一种山雨欲来风满楼的感觉……

从格尔木到西宁

10月中旬，我中国科学院冰川所的邱研究员一起离开格尔木到西宁。他是广东人，车是他联系的，是部队的车，事先开了乘车证。我们拿了乘车证到汽车一团三连队部找韩连长，他是四川人，是年轻人，个子不高，短小精悍，很能说话，又很能干。我们和他商量，把行李先拿到车上，明天来上车就方便些，他很痛快地答应了，我们随即把行李装到车上。

次日早上7点离开20队队部，临走前和队领导告别，没想到，三位队领导均煤气中毒，除一个还能睁开眼睛看了一眼外，其他两人一动也不动地躺在床上。我们在三连吃了早饭，直到9点才开车，分别各乘一辆车。走没多久，我乘的那辆车司机说车不走了，要回去，到了三连队部，连长分配我乘另一辆车。这辆车的司机也是四川人，小伙子也不错，很说的来，我还招待他一包精装的飞马香烟。

沿途很辛苦，第一天晚上住香日德，兵站住不下，只得到运输站旅馆住，第二天住在江西沟兵站，棉被又薄、又脏、又硬，凉得很，彻夜难眠。早饭在兵站吃，兵站食堂浪费的很，地下随处可见米饭、油饼等，管理很差。第三天下午到达部队的一个加油站，加了汽油后，他们的车要回到倒淌河，我们又改乘三连的另一辆气车，这辆汽车还拉着一辆要到西宁大修的油罐车。下午3点左右，到达西宁。

粉碎“四人帮”反党阴谋集团

到西宁后，汽车到兵站的转运站卸下损坏的水箱，然后又开到一个汽车修配厂。厂里正在开会，我们等了约半个多小时，会议总算开完了。

从会场出来的人，都交头接耳地议论着，似乎都很兴奋，好像是传达了什么重要的文件。正在我们揣测时，听到两个女青年说，大快人心，我们也不知道说的是什么意思。

后来车开进去大修，有两个四川女工人在检查车号，另外一位老工人到处敲敲，检查车有什么毛病没有。正在检查过程中，一位四川女工对我们说：“他们今天下午听了中央16号文件，是有关王张江姚‘四人帮’反党阴谋集团的事。”听到这消息后，心里又是一次震惊，我们感到很突然，虽然不了解详细情况，但心里却很高兴。

车修完后，把我们送到西宁火车站。从千里迢迢的格尔木，几经周折到达了西宁火车站，我们太高兴了，太感激了，一再向司机表示感谢。

在到火车站的沿途，我们看到了许多“打到王洪文、张春桥、江青、姚文元‘四人帮’”的大标语。

到西宁火车站后，总算在一家旅馆的楼梯过道登到了床位，每晚1元。等忙完住宿后，饭店都已关门，只得饿一个晚上。

为找旅馆而奔波

第二天，在车站登记了两张硬座火车票，是上午11点从西宁开往南京的，当天下午四点到达兰州。

老邱家在兰州，直接回家。我找了一辆人力三轮车，到铁道部第一勘测设计院花园招待所，接待者说：“有一个会议，不能接待。”只得和传达室师傅说好话，把行李暂存在传达室，等找到旅馆后来取，幸好同意了。到火车站旅馆介绍处登记旅馆住处，已无床位。他们告诉我，有专门登记住澡堂的，晚上7点半开始登记，结果登了红光澡堂。到了红光澡堂，接待员说，晚上8点半开始办入住手续，我赶紧又乘车到花园招待所取了背包，并和传达室师傅说还没找到旅馆，行李暂时拿不走，还要麻烦存在传达室，老师傅总算答应了。

我又急着乘车回火车站，等了半个多小时，电车总不来，末班车是9点从起始站开车，我8点半就在车站等，就是没车。乘车无望，只得步行到红光澡堂办了入住手续，住的条件还可以，洗的、喝的都很方便，床也很干净，睡了一个好觉。

第二天早上，又到火车站登记了旅馆，住在走廊，每天0.5元。住的解决了，马不停蹄，回到花园招待所取行李……

旅途艰难，几经周折

到火车站买票时，看到通知，说10月中旬，宝成铁路一座隧道发生油

罐车爆炸，至今仍未通车，而兰州到成都的飞机从11月份开始也停运了，真是无可奈何！

在兰州等了10几天。后来，乘兰州直达青岛的快车离开兰州，次日下午到达西安，住在车站附近的解放饭店。

从西安乘飞机回成都，同样是不顺利。乘的是安—24型飞机。原计划11月7日起飞，因天气不好，到下午4点进机场，6点通知不能起飞，乘民航车出机场，住在售票处附近的一个旅馆。第二天下午2点又乘车进入机场，4点起飞，6点到达成都双流机场，转乘民航班车到达人民南路下车。

下车后乘公共汽车，等了10几分钟，没来车，听先来的同志说，已经等了半个小时了，我灵机一动，改乘三轮车回家。至此，长途的艰辛旅途结束了。

真是多灾多难，一路很不顺利，麻烦事接踵而来，如今只要1～2天就能到达的路程，结果走了三个星期才到达。

三、勘测生活拾零

(一)为祖国献青春

有一次在吐鲁番地区勘测,要涉水过河。该河段位于天山山前的洪积扇上,河床较陡,河宽四五十米,水深没膝,水流喘急,河底是大小不一的卵石。脚踩在上面不稳,容易滑倒。

当时是春天,河水是天山的雪融水,冰凉刺骨。

大家过河都手持拐杖,用以探测河底卵石情况,并起支撑身体的作用,边探测,边往前走,有的还拉着手往前走。

由于河水冰凉,怕冻僵脚,过河前我们喝一点白干酒,可以活络活络筋骨。

在过到河流中间时,意外的事情发生了。一位姓曾的工程师,由于踩到一个大卵石,滑了一下,身体失去平衡,被急流冲倒。当时大家都慌张起来。因为发生的太突然了。同志们眼巴巴地看着曾工程师被急流带走,不知所措,唯一能做的就是悲痛、痛惜,痛惜一位年轻的工程师,正当为国家奉献自己才干的时候,不幸牺牲了。

后来,在下游五公里的浅水处,发现了尸体。勘测队为他举行了简单的追悼会,把他的尸体运回苏州老家。

曾工程师是位优秀的年轻工程师,刚刚而立之年,是队里的技术骨干。他个子瘦高,稍有驼背,满口苏州话,细软柔美,他的话我们经常听不懂。当时,我们国家工程师还很缺乏,工程师可以说是宝贝,铁路勘察设计正急需大量工程师之际,而年轻有为的曾工程师却不幸英年早逝,实在可惜。但愿他含笑在九泉之下。

还有一次,我们在云南巧家地区进行勘测,这一带地质复杂,岩石挤压破碎,风化极为严重,山坡陡度达 70°～80°,经常见到石块或土体沿山坡往下滚动。那天,测量组的人员正在陡峻的山坡上进行测量,一位工人踩在疏松的土石上,土石带着人一起向下滑动,被抛到金沙江中,连尸体都没找到,是个二十几岁的小伙子……。

因工作牺牲的还是少数,但受伤的人却是不少。

(二)神奇的河谷

1963 年,我们在进行鹰潭一厦门铁路二线勘测时,线路穿越南北走向的武夷山脉。

武夷山名闻遐迩,到武夷山之前,就知道它是著名旅游区,是世界文化与自然双重遗产。进一步了解,武夷山还是我国重点自然保护区,是地球同纬度地区保护最好、物种最丰富的生态系统,拥有 2 527 种植物物种,近 5 000 种野生动物。

对武夷山的野生动物,有很多形象的描述:鸟类的乐园,昆虫的世界,蛇的王国。身临其境,感受到武夷山风景秀丽,空气清新,漫山遍野一片绿荫,青翠欲滴。

我们工作的时间段,正值夏末秋初。有一天,我和一位年轻技术人员一起,对越岭地段进行地质调查。

当时,我们住在岭的西坡一个小村庄,当天准备搬家到岭的东坡的小河口村。一大早就起床,大家把行李捆好,由事务员雇了几个当地老乡,把行李运到小河口村。

他们走的是盘山小道,要绕许多路,和我们地质调查走的不是一条路。住地附近有一条沿沟小路通向垭口,我们是沿小路,到垭口进行地质调查的。

起初,调查工作比较顺利。但到垭口后,从东坡下到坡脚没有路,只得抓着灌木林的枝丫和茅草滑溜而下。待到沟底,已经是满身大汗,筋疲力尽。我们坐在一个巨石旁的小石块上小憩。

疲劳过后,发现附近风景美极了——

两岸绿荫密布,看不见碧蓝的天空。从沟头往下游瞭望,像是绿色隧道——由深绿色的树木枝叶构成的隧道。除杉树、竹子外,其它树叫不出名称。满地尽是开着绚丽花朵的小草,煞是可爱!

四周泉水叮咚响,涓涓清泉,汇入小沟。沟里汩汩水流,清澈光滑,抚摸河卵石而过。卵石是各种颜色的花岗石。

此情此景,让人心旷神怡。

沿途沟谷狭窄，林木遮天，我们行走在绿色隧道中，有一种人间仙境的感觉和童话世界的感受。一路上各种鸟儿的叽叽叫声不断，偶尔抬头可以看到鸟儿昂着头，翘着长长的尾巴，在枝叶间，跳来跳去，但叫不出是什么鸟。鸟儿婉转悦耳的声音，实在动人心弦。还有蝉的鸣声，她和鸟儿细碎的啾唧声不同，是洪亮的、连续的，不知疲倦的鸣叫，不顾一切地，整天鸣叫。就像是笛声和唢呐声似的。

微风摩擦枝叶的嗖嗖声，是那么休闲而自在。

从泉水叮咚响，到汩汩流水声，继而哗啦啦水流声……告诉人类，水量由少到多，声势越来越大，不要轻视他们的力量，不要破坏他们的规律，否则，是要付出代价的。

我们边走边凝神聆听由风声、鸟声、蝉声、泉水声、流水声，组成的奏鸣曲——自然界原生态奏鸣曲。

在树叶稀疏处，阳光穿过树冠透射下来，是绿色隧道中的照明灯，把隧道装扮的闪闪发光，充满幻境，形成了一个浪漫而神秘的绿色通道，胜过舞台灯光布景的感觉。

原生态的奏鸣曲，配上原生态场景，我们行进其中，其真实感和陶醉感，是大城市舞台上的演出所难以感受到的。不仅仅是演奏的声调难以反映出自然界的真实情况，布景也是虚假的，更何况是几百个观众挤在一起，连动弹都有些困难，哪能比得上现场自由自在地欣赏呢！

大自然的演奏不要指挥家指挥，演奏的内容和声调随着不同地点自动变化；场景是移步变景，与演奏内容十分协调，不像音乐厅的布景，是人为的，是拉郎配，是虚假的。

然而，我们毕竟不是专门来听奏鸣曲和观赏美景的，还要工作。

从源头到我们新的住地小河口村，约 10 公里路。我们主要任务是估测风化的深度。沿途看不到裸露的新鲜的花岗岩，只能根据花岗岩风化程度，估测风化深度，工作不算紧张。

这天的工作是轻松的，周围的环境是优美的。我们始终处于边工作、边欣赏美景、边听原生态奏鸣曲的环境中。

不知不觉间，夜色降临，我们到了小河口村附近，这里是我们新的住

地，位于两条溪涧的交汇处。在一片阶地形成的平地上，住着十几户人家，还有些稻田、池塘、菜地。十几家人，就靠土地爷赐给的这些礼物，赖以生存。

进入村里，白天的奏鸣曲被蟋蟀和池塘里的青蛙声所替代，蟋蟀的唧唧吱叫声和青蛙的呱呱叫声，又是另一种音乐，可以称之为小夜曲、梦幻曲。更确切地说是摇篮曲、催眠曲。

疲劳了一天，我们吃完晚餐，烫了脚后，上床，躺在床上，听到周围蟋蟀和青蛙的合奏声，不禁想起了舒曼的梦幻曲、舒伯特的小夜曲和勃拉姆斯的摇篮曲……我不禁哼起来舒曼的梦幻曲。边哼，边听自然界原生态的小夜曲、梦幻曲和摇篮曲，不管它叫什么曲，反正都是催眠曲，让你很快就进入梦乡。

梦中，白天的一幕幕，在脑际中从新出现，像是蒙太奇串联起来，我们漫步在绿色的隧道里，在鸟的乐园，昆虫的世界，蛇的王国里漫游……

(三)过桥要背诵“老三篇”

“文化大革命”期间,我们到阳(平关)—安(康)线勘测,当时,正值文化大革命初期,革命潮水汹涌而来,红卫兵掀起了全国大串联。一时间,旅馆住宿和交通,拥挤不堪。到处都是穿着军装,戴着军帽,腰扎皮带,目中无人的红卫兵,好像天下是他们的,他们可以决定人们的命运。举国上下乱的天翻地覆,生产、工作几乎瘫痪,各个部门、单位都贴满了大字报……我们当然也受到严重的冲击。造反派劲头最大,他们处于革命漩涡中心,写大字报、揪地富反坏右,斗走资派,忙的不亦乐乎。

一些年纪稍大的,不属于黑五类的,思想有些保守的技术人员,还勉强担任些生产工作。

我们一行七八人,从北京火车站乘火车到西安。那时,我们铁路部门职工出差还是用铁路免票,在车站签过免票,就可进站上车。

现在好了,车站乱的无法检票,什么人都可随便进出车站。到了车站,只见人山人海,都是雄赳赳气昂昂的红卫兵,站台上拥挤不堪,大家拼命向车厢门里挤,我们实在挤不过红卫兵。

门就那么大,大家都想进,反而进的慢。先进去的红卫兵把窗子打开,有些红卫兵干脆从窗户爬进去。我们正好在窗户边,凭着人多和有利位置,占领了一个窗户,很快的都爬进了车厢。

在车厢里,人挤人,肩碰见,既拥挤又闷热,还好是冬天,要是夏天非晕倒不可。身上湿乎乎的,就这样,一路坚持着到了西安火车站。

从西安我们又转乘长途汽车,几经辗转到了城固县——也就是我们的目的地。县城也张贴一些大子报,路上也看到三三两两串联的红卫兵,但和北京相比,相形见绌。

我们到了一家旅馆,门口两侧墙上贴满了大字报。进了旅馆,问服务员有否空房,我们有七八个人想住你们旅馆,服务员答:“有”。我们高兴地办完手续,刚进入客房,门口把守着两个女红卫兵,张口就说,毛主席的话一句等于一万句,我们要听毛主席的教导,请每位叔叔,每人背一句毛主席语录。我们说我们还没吃饭,饿得头发晕,背不出来,等吃完饭回来

再背，好说歹说，终于同意我们吃完饭回来再背。她们一直守在门口，我们吃完饭回来后，每人背一句毛主席语录，才算了事。

在单位，背毛主席语录是很正常的事，每天上下班都要背，所谓“早请示”、“晚汇报”，都要背毛主席语录。那怕你一天都不来上班，只要“早请示”、“晚汇报”到了，就没事了。在勘测队每天出工前也要背毛主席语录，这是很正常的事。但在旅馆红卫兵叫我们背毛主席语录。倒是有些新鲜。问题还没到此为止，我们出工每过一个桥，桥的一端都有红卫兵把守，要背“老三篇”中的任何一篇后，才能过河，我们每天要过数次河，都要背诵，来回只背一次即可。

当时，老三篇——《为人民服务》、《愚公移山》、《纪念白球恩》，是每人都必须背的，而且都背的滚瓜烂熟。

晚上收工回到旅馆，洗脸、擦身、洗脚，吃完饭后，正准备休息，又来了一批红卫兵，还要我们背毛主席语录，我们怎么解释也不行，毛主席的指示，毛主席的语录，能不执行吗？只有老老实实背了，才能消停下来。

我们也的确感到红卫兵对毛主席的一片忠心，那么单纯，那么可爱，我们不能打击他们的积极性……

(四)聊天过夜

1967 年夏天,有一次,我们乘坐解放牌汽车到现场,沿途下着倾盆大雨。快到河南内乡时,在公路正中间横躺着一辆装米的大卡车,四轮朝天。真难想象,装着米的重载卡车竟然会四轮朝天横卧在公路中间,可能是公路(土质公路)路面滑,司机急刹车所致,可见惯性作用之伟大。

大雨继续下着,车走不了了,司机发命令,大家下车找住的地方吧!于是,派两位同志到四周找有否住的地方。还好在左前方不远处,有个村庄,只有十几户人家,我们 20 多位同志,无法满足我们住的要求。有两家稍大些的家庭,可提供小厅堂让大家坐着休息。商量结果只能如此了。

于是大家扛着自己的行李,冒着小雨,深一脚,浅一脚地往小村庄走去。到了那两家,每个人都成了落汤鸡,行李也湿了。每家住十几个,大家把行李放在地下,人就坐在湿的行李上。还不让聊天,这是约法三章,否则影响老乡睡觉。

大家面面相虚而坐,困了打打盹,有的趴在桌上睡,有的坐在行李上打盹,就这样度过一个不寻常的一夜,也是倒霉的一夜。

(五)狗和麻风

据介绍,世界上狗的品种有数百种,从身高只有十几厘米的芝娃娃到近一米高的爱尔兰猎狼犬。狗的分类可按体型分类,也可按功能和特点分类。按体型可分为超小型、小型、中型、大型和超大型;按功能可分为家庭犬、玩具犬、工作犬、梗类犬、牧羊犬、狩猎犬和枪猎犬。

按功能进行分类,顾名思义很容易理解。但梗类犬可能很多人并不理解是什么犬。起先,我也不理解,后来查看了资料,是这样介绍的:梗类犬(英文名:Terrier Group)。梗的名称起源于拉丁文的"Terra",意思是"掘土",该类犬善于挖掘地穴。梗类犬是一类最初是被用来打猎和消除毒蛇、害虫、田鼠的犬类。它们精力充沛、个性活跃,是一种对主人忠诚、亲善的犬种,它们被用来控制消除地上和地下的老鼠、野兔、和狐狸。梗类犬是短毛小型狗,具有行动敏捷,聪明活泼,勇敢顽强,勤劳忠实的性格。

有关狗的品种、习性等等,十分繁杂,本文很难探其究竟。还是介绍一下我和狗零距离接触的情景吧!

在上个世纪70年代初,我到广东、广西一带参加韶(关)一柳(州)铁路线勘测,在广东遇到最麻烦的事就是狗。当地农村几乎家家都养狗,我们出工经过村庄时,总免不了遇到狗的威胁。这种狗在中国农村分布十分普遍,可能叫中华田园犬吧,是大家都熟悉的,最接地气的狗,通常称"菜狗",也有称"柴狗",是具有中国传统特点,看家护主的一种狗。按体型分,应该属于中型狗。他个子不小,也不大,长的不胖,也不瘦,身材适中,五官端正,仪表端庄,身上的毛长短和颜色看起来也很顺眼。

菜狗不像观赏犬那样,外表漂亮,小巧玲珑,温柔娴美,令人爱怜;也不像军犬那样,外表刚毅严峻,凶猛扑咬,嗅觉灵敏,机警勇敢;更不像藏獒那样体型高大,骨骼粗壮,动作敏捷矫健,气质刚强,野性尚存……

虽然这种土生土长的菜狗的外表不像观赏狗那样可爱,也不像军犬和藏獒那样可怕,但这种狗对主人的忠诚程度,一点不亚于其他种类的狗。

我们经过一个村庄，总要听到狗吠，因为我们进入它们的领地，出于保卫主人安全的本能，它们向我们提出警告，吠声就是向我们警告的意思。每只狗的性格不完全一样。

我们经过的村庄，所遇到的狗，其凶猛程度就不一样，一般从吠声的大小，急促的程度可以判断狗的凶猛程度。我们当然不理它，继续往前走。如果我们绕开村庄走，就要多走很长一段路，就会影响我们的工作。到了这个份上，形势十分紧张，双方都不示弱，狗继续向我们靠近，吠声更大，更急促，已经是剑拔弩张，没有退路了。这种情况下，心中不能害怕，必须壮壮胆，一旦我们示弱，有所退宿，它就会变本加厉，向你扑来。我们对付的办法，就是挥起竹竿子吓唬它，有些胆子小的狗，一吓唬也就往后退。但有的狗，凶猛无比，不怕吓唬，继续往我们靠近，吠声也越大，越急促。我们把竹竿举起往地下打，这时凶狗看到我们动真的，既不向前，也不后退，不断的狂吠，并始终和我们保持一定的距离。就这样僵持着，双方互不伤害，各自都保住了面子，直到我们离开村庄，也就相安无事了。

对付狗我们有了经验，但又出现一个新的问题，在广东某县，我们进入一个麻风区，我们勘测时要经过一所麻风院。当时对麻风病了解甚少，只是听大人说，麻风病是非常可怕的一种病，得了这种病是治不好的。记得，小的时候，每逢过年，都有麻风病人上门讨年货，我们早就备好，只要麻风病人上门，我们立即送给他们，让他们快走，如果怠慢他们，就会用身体在门框上蹭。

由于传统的片面认识，认为麻风对人们的威胁和伤害要比狗大的多，所以我们经过麻风院时，总是绕的远远走。如果当时知道麻风病不会通过空气传染，也不至绕的那么远路。

现在许多人，尤其是年轻人对麻风病不了解，甚至没听过这个词。

麻风是由麻风杆菌引起的一种慢性传染病。本病在世界上流行甚广，在我国主要分布在江西、湖南、广西、海南、四川、重庆、贵州、云南、西藏等地区。麻风病人皮肤损害有斑疹和斑块，颜色淡红、紫红或褐黄，损害表面大多光滑，有的上附少许鳞屑；有的形成“爪手”、“猿手”、“垂腕”、“溃疡”；有的病人眉、睫、发，脱落；有的鼻梁塌陷。到晚期，也可出现肌肉

萎缩、畸形和残废。

如今，不少人“谈麻色变”，主要是因为对麻风病有不正确的认识导致的。

许多人往往误解，认为麻风病传染性很强，麻风病无法预防，麻风病会遗传给下一代，麻风病难以早期诊断和治愈等等。

其实，由于我国政府积极防治，麻风病的流行已基本得到控制，发病率显著下降。从目前来看，麻风病并没有我们想象的那么可怕，在日常生活中只要做好防治措施和早期积极治疗完全可以保证健康。它的传染途径主要是直接传染（如皮肤接触传染）和间接接触传染（接触传染患者用过的衣物。被褥。手巾。食具等），不会通过空气传染。

(六)奔放的藏族舞蹈

我们第一次进藏工作结束后,曾在沱沱河沿兵站观看玉树藏族自治州文工团的演出。他们是给兵站的职工和住宿的官兵慰问演出的,我们恰巧遇上了,感谢上帝的安排。

当时,正是"文化大革命"期间,部队也闹派性,进演出会场时,两派几乎打起来,冲突了一阵。耽误了好久,才进入演出会场。

我一直心仪目睹真正藏民的藏族舞表演,没想到竟在青藏高原上第一次观看到原汁原味的藏族舞蹈表演,心情是十分激动的。无耐,演出过程中秩序乱的很,经常有士兵敲汽油桶,影响了演出的效果。

演出内容既有高昂婉转动听的藏歌,也有奔放、浓烈的藏族舞蹈。

我对藏族舞蹈更感兴趣,它朴实、狂放、优美、原生态……

演出中鼓声、笛声,和着康巴人脚腕上的铜铃声,有一种野性的体验。在扭动腰肢,踏着鼓点,昂起面孔甩出长袖,微露的笑容,真诚、潇洒而自然。

看了这场玉树自治州文工团的原生态演出,胜过看北京舞台上的豪华演出,值得。

(七)秦岭顶上过夜

1987 年,在勘测西(安)安一(康)线时,我们对秦岭越岭隧道进行了遥感地质调查,组织了一个小分队,10 个人。由于岭顶地区没有居民点,我们带了三顶三角帆布帐篷,一只锅(烧开水喝)。每人带了 4 天干粮(馒头、面包)和几块咸菜疙瘩。

不巧的是到秦岭顶的那天晚上就开始下小雨,第二天,又整整下一天,真把我们憋坏了。去时正值春夏之交,住在帆布帐篷内还是很冷的。三个帐篷,有两帐篷各睡 3 个人,一个帐篷睡 4 个人。我们只能直直的躺着,或坐着,还不如坐牢房舒服。还好我们搭完帐篷后,看到天气不妙,要下雨的样子,大家赶紧拾干柴,以便烧开水时用,把本来就不宽敞的帐篷塞满了干柴,空间就更挤了。

在帐篷内无法烧开水,太危险了,而且也没烧开水的地方,仅有的空间都被干柴所占。只能在帐篷门口,打着雨伞烧开水。有了开水,馒头、面包才能吃下。

好在第三天,晴空万里,我们抓紧时间,用两天时间完成了勘测任务,凯旋而归。

(八)军事化生活

勘测队的生活很紧张,流动性大,有些像部队的生活。

行军要长途跋涉,我们也整天爬山涉水,一样累;军队经常要夜里行军,我们也经常走夜路;士兵睡的是行军床,我们也是行军床不离身;部队经常风餐露宿,我们也经常受冻挨饿,在汽车上度过夜;士兵能吃苦耐劳,敢于迎难而上;勘测队员面对困难,从不畏惧……

部队士兵作息时间安排的很紧凑,纪律严明,动作快。勘测队的作息时间也安排的很紧,尤其是早上,天没亮就起床,穿完衣服,整理完铺盖,就忙着到洗脸、刷牙(经常是用冰凉的河水洗刷),洗刷完了,开始吃早饭,准备带中午吃的饭菜和开水(灌在行军壶中),还要准备当天工作的资料、用品等等,这一系列工作都是在极短的时间内完成,一环扣一环,稍有松懈,就会丢三落四,影响工作的完成。

部队行动经常变化,说走就走;在勘测队,经常由于临时任务或交通工具安排的原因,说搬家就搬家,经常不到半小时甚至十几分钟就要把铺盖卷和行军床扎好,把零碎东西装在洋铁桶里,再把网兜将洋铁桶套上。

部队士兵的铺盖卷、行军床、枪,是他们的三大件;勘测队员的铺盖卷、行军床,洋铁桶,是我们的三大件。

(九)猪圈鸡窝当床睡,鸡蛋当饭吃

在勘测队进行初测、定测时,队伍较庞大,相对而言,比较固定,工作、生活较有规律,住的是帐篷,每人都睡自己的行军床,吃的是自己厨房做的饭菜,不是太好,但起码是热菜热饭

但在踏勘阶段,人员少,最多不过十几个人,流动性大,一两天就要搬一次家,每人只带铺盖卷,不带行军床,也没厨师做饭,一般都住在老百姓家或村镇的办公室、小学校等处,多数情况下,都能睡在木地板、门板或学生的课桌上。但有时也睡猪圈或牛(羊)圈,鸡窝等,当然是曾经的猪圈和牛(羊)圈和鸡窝,现在往往改做柴房或堆放杂物用。老乡把它腾出来,铺上干稻草,睡起来还是可以的。但这种地方往往面积不大,不可能有单独的床铺,只能睡通铺,一个挨着一个,天刚黑就上床睡觉,天不太亮就起床,大家都挨着睡,起床穿衣服,经常把裤穿错了,一般能及时发现。但也曾经发生过直到出工时才发现互相穿错了,这种情况往往是两个人高矮胖瘦相似时发生的,在天黑看不清楚的情况下,凭感觉很难发现。

再谈谈吃的,踏勘时,只几个人,自己不可能开火食,也不可能带太多干粮,只能住在哪儿就在哪儿填肚子。有一次我们在陕北榆林地区靠黄河边的一个小村子住下,到了晚上,饥肠咕噜。想到老乡家吃饭,他们说没有粮食,我们自己吃都不够,说有鸡蛋,你们就吃鸡蛋吧。刹那间,大人、小孩端着鸡蛋来卖,鸡蛋很便宜,一毛钱5个,这在当时全国农村几乎是统一的价钱。我们每人都买了几十个,让老乡煮熟了,当晚就吃了十几个。我们呆了三天,天天吃鸡蛋充饥,实在受不了,最后一天改为吃鸡,吃的痛快

在阳安线现场调查(1981年)

极了。

总的说来，踏勘过程中吃睡条件比较较差，但也不尽然，有时经过县城或小城市，条件要好些。有一次我们进行焦(作)一枝(城)铁路线踏勘时，到了河南省南阳县，我们住在县委招待所，这个招待所是新盖的，刚刚启用。

南昆线南盘江大桥测断层(1991 年)

我们住的是单人间或双人间，床上用品全是崭新的。那天晚餐是在招待所的食堂吃的，食堂大师傅听说我们是为河南省勘测铁路的，特别为我们做一桌丰盛美味的南阳地区特色的菜肴。食堂的桌椅餐具全是新的，但入席时发现崭新的长条板凳上全是泥土，百思不得其解，问食堂招待员为何每个新板凳上都是泥土，回答是:河南人吃饭时都是蹲着吃，这一解释我们才恍然大悟。服务员看我们都是外地人，主动地把板凳擦干净。

南昆铁路八渡车站调查时合影

(左二为作者)(1996 年)

这一天晚上我们吃得饱，睡得香，第二天起床，感觉体力充沛，精神焕发……

附录一

遥感技术应用效果实例

1. 1975 年，在青藏铁路线可行性研究中，先后两次上青藏高原开展航空遥感图像冻土工程地质调查。利用遥感图像进行冻土工程地质分区，把冻土工程地质分为严重冻害区、一般冻害区和无冻害区三大区，对选线起到重要的指导作用，保证了选线质量，提高工作效率达 10 倍以上。该项目获 1978 年四川省重大科技成果奖。

2. 西康线秦岭越岭隧道系当时我国已通车的最长的铁路隧道(约 18 km)，通过秦岭东西复杂地质构造带，工程地质条件很差，通过卫星图像分析，认为隧道通过的是混合岩体环状构造，对线路工程影响不大。结合其他勘察手段，在 11 个隧道方案中推荐了走工程地质条件较好的石砭峪方案。该方案被国家采纳后，施工过程中，未出现大的工程地质问题，说明遥感的评价是正确的，得到施工单位好评。该隧道的勘察成果获 2003 年度铁路工程优秀勘察一等奖，2004 年度国家工程勘察金质奖。

3. 朔黄铁路河间—港口段线路可行性研究时，有黄骅方案和天津方案。两个方案取舍长期定不下来，国务院也无法作出决定。利用陆地卫星 TM 图像，清楚地显示出洪水的痕迹，综合考虑后，否定了天津方案，推荐走黄骅方案，节约工程投资额 3.1 亿元(有使用证明)。

4. 1991 年 6 月，北京市决定对北部山区开展遥感灾害调查，其中门头沟区遥感灾害调查，北京科协指定本人为调查组组长，由铁道专业设计院、地矿部遥感中心和中科院地质研究所的 15 位专家组成调查组。利用遥感图像，将该区 238 个村庄按受灾害程度分为四类，即最危险的村庄、危险的村庄、较危险的村庄、较安全的村庄四类。并对四类村庄提出相应的措施意见，即 1、2 类村庄应搬迁；3 类村庄，应修建适当的工程防护措施；4 类村庄不必采取措施。该成果成为门头沟区历年防汛部署的主要依据，先后搬迁 1、2 类村庄 1495 户。成果的应用避免了经济损失约 3.7 亿元(有使用证明)。

5. 川渝东通道有三条铁路大通道(渝怀线、渝石线、万枝线)，选线面积达 8 万多平方公里，当时时间较紧，用传统的地面方法，时间来不及，同时也很难对这么大面积内的三个方案进行同等标准的比较。1998 年，利用了遥感技术，在铁路勘测选线中首次提出编制 3 个大方案在内的 18 万平方公里大面积的陆地卫星图。并结合遥感图像的有利条件，提出从宏观地质背景、通过不良地质地段长度和重点工程地质工点三个方面综合分析线路方案的优劣，满足了选线的要求，取得较好的效果。

6. 滇藏铁路线长约 1 600 公里，从上世纪六七十年代就开始勘测选线工作，但历次地面勘测调查工作，均因交通困难，一直不能把最基础的 1∶5 万工程地质图填图贯通，使工程地质工作难以进一步深入开展，每次工作基本上是停留在原来的基础上，甚感无奈。有鉴于此，1998 年铁道部下达了该线的地质遥感调查工作，在大家的共同努力下，六七个人，在短短的半年时间内(包括外业重点核对)，提交了 2.3 万平方公里的全线 1∶5 万工程地质遥感图及勘测报告，从而打开了局面，使后续工作得以顺利进行。

7. 遥感技术首次用于施工阶段，在部有关部门的支持下，选择南昆线施工作为试点，取得良好的效果，受到施工部门的称赞。南昆线施工阶段遥感技术应用的成功经验，在 1992 年 6 月 6 日的《科技日报》头版进行了报道。

附录二

简　　历

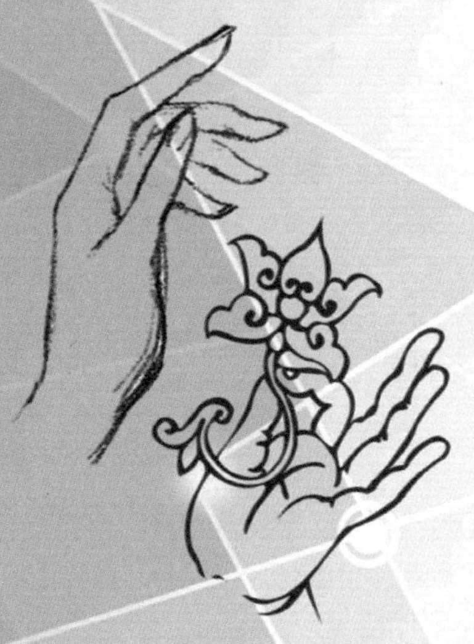

1934 年 2 月 16 日	出生于福建省闽侯县(今福州市)。
1949 年～1952 年	福州市第一中学(现福三中)学习并毕业。
1952 年～1953 年	杭州浙江大学土木工程系铁路建筑专业学习。
1953 年～1954 年	上海同济大学铁路系铁路建筑专业学习并毕业。
1954 年～1955 年	铁道部东北设计分局实习生。
1955 年～1956 年	铁道部第一设计院技术员。
1956 年～1963 年	铁道部专业设计院技术员。
1963 年～1969 年	铁道部专业设计院工程师。
1970 年～1978 年	交通部第二铁路勘测设计院工程师。
1979 年～1983 年	铁道部专业设计院主任工程师。
1983 年～1985 年	铁道部专业设计院主任工程师、处总工程师。
1985 年～1987 年	铁道部航测遥感科技情报中心主任。
1987 年～1995 年	铁道部专业设计院高级工程师。
1995 年～1996 年	铁道部专业设计院教授级高级工程师、铁路航测遥感科技信息中心主任。
1996 年～2004 年	铁道部专业设计院副总工程师、北京交通大学长期兼职教授。
2004 年～	中铁工程设计咨询集团有限公司副总工程师；退休返聘；北京交通大学长期兼职教授。

后　记

这本书是自传体纪实文章。本人是一名普通的技术人员，是个普通老百姓。名人写的自传体小说，大家都想看，这是人之常情。但普通人的生活更接地气，更接近普通人的生活，也许会得到普通人的青睐。

书的内容主要写的是上个世纪五六十年代、七八十年代的事，写的虽然是我个人的经历，但也是这一时期知识分子的共同经历。这一代知识分的特点大概可以这样归纳：对祖国无限忠诚，很少有私心；思想单纯，感情淳朴，人与人之间的感情非常真挚；大家都从心底里想为祖国和人民做出贡献，自己有些困难，不会轻易向领导提出解决的……

此书的出版，也许不合时宜，内容有些别样，与当下社会不合拍。年长者或许还能浏览一下目录，或者看些感兴趣的章节，当然也不排除整本看完的；至于青少年，大概不会感兴趣。我倒觉的如能安下心来看看，也许还是蛮新奇的，甚至更适合青少年阅读。但愿这本书能受到社会关注，能对现实社会起到积极作用。

当今社会太浮躁了，太商业化了。文学是神圣的，是陶冶人们思想的精神粮食。文学应该在人类社会进步中起到净化人们心灵的作用。当下，有些报刊内容充满广告，文章只是陪衬，越短越好，长了没人看。而一些纯文学刊物，文学创作内容有些急于求成，且多雷同；有的文章内容脱离现实，作者在象牙宝塔里苦思冥想，写的越离奇越好，因为能吸引读者。相反地，一些富有生活气息的纪实文章，却往往遭到冷遇。

我们现在最缺的就是源于社会生活和人民群众的文学作品。文学创作不等同简单的社会现象的描述，而是作家洞察社会现像后，经过思索、加工、创作出来的产品，所谓“源于生活而又高于生活”，这是一个非常艰辛、寂寞、费神的过程。我并不排斥文学的创作，我很尊重源于生活的和人民群众的创作文学。问题是当前似乎热衷于脱离实际生活的创作文学，而轻视源于生活的纪实文学。

基于以上原因，我下决心出版这本书，为纪实文学添砖加瓦，为纪实文学繁荣做些贡献。

本书在第二版的修改过程中，得到秦威、林朝晖等老师的帮助和指导，特此表示感谢。

作者